COLECCIÓN S

Acción positiv
¡Ahora o nunc
El amor a sí m
Automotivació
Cambio positiv
Chocolatito espumoso para el alma
Como seducir a su hombre y mantenerlo a su lado
Corazones valientes
Cuerpo de niña, alma de mujer
Don de comunicarse
Don de dar
Don de la amistad
En busca de lo humano
La grandeza de ser
Libérese del miedo
Libro de los amigos
Libro del amor
El líder que vive en ti
Magia de la sonrisa
El mensaje
Mi filosofía del triunfo
Oportunidad de vivir
Para ser feliz
Pensando en ti
Por favor sé feliz en tu juventud
Por favor sea feliz
Por favor sea feliz, lujo
Por favor sea feliz en familia
Lo que me ha enseñado la vida
¿Qué onda con el sida?
Respuestas para vivir una sexualidad inteligente y segura
¡Sea feliz ya
Sí se puede
Sin miedo al amor
Supérate y sonríe
Tómelo con calma
¡Vamos a ganar!
Vamos por todo
Vivir feliz
Volver a la niñez

COLECCIONES

Ejecutiva
Superación personal
Salud y belleza
Familia
Literatura infantil y juvenil
Con los pelos de punta
Pequeños valientes
¡Que la fuerza te acompañe!
Juegos y acertijos
Manualidades
Cultural
Espiritual
Medicina alternativa
Computación
Didáctica
New Age
Esoterismo
Humorismo
Interés general
Compendios de bolsillo
Aura
Cocina
Tecniciencia
Visual
Arkano
Extassy

David M. Smith y Sandra Leicester

Libérese del Miedo

Obra publicada inicialmente con el título de *Vencer a los fantasmas interiores.*

SELECTOR
actualidad editorial

SELECTOR
actualidad editorial

Doctor Erazo 120
Colonia Doctores
México 06720, D. F.

Tels. 588 72 72
Fax: 761 57 16

LIBÉRESE DEL MIEDO
Título en inglés: *Hug the Monster*

Traducción: Vicente F. Herrasti
Diseño de portada: Eduardo Chávez

ISBN-13: 978-970-643-261-2
ISBN-10: 970-643-261-2

Novena reimpresión. Febrero de 2010.

Impreso y encuadernado en México.
Printed and bound in Mexico.

Índice

Nota a los lectores 9
Introducción 11
Capítulo 1
Abraza al monstruo
Cómo hacer cambios en su vida
a cualquier edad 19
Capítulo 2
Ejercicios de calentamiento 39
Capítulo 3
Los monstruos de la inercia 61
Capítulo 4
Los monstruos de la lógica 83
Capítulo 5
Los monstruos de las relaciones 109
Capítulo 6
Los monstruos de la libertad 137
Capítulo 7
Los monstruos eternos 173
Capítulo 8
Conclusión
Pompa y circunstancia 195

A la memoria de mi padre, Seymour, quien me enseñó a observar y aceptar los retos.

A la memoria de mi madre, Daren, quien me alentaba y luego cruzaba los dedos.

A mi hijo, Darren, cuya fuerza, espíritu artístico y sabia sonrisa alentaron mi corazón. Para mi hija, Chelsea, quien me inspira al aceptar prácticamente cualquier reto.

Y a mi compañera, Sandy, por su sensibilidad y sabiduría. Viviremos juntos muchos de nuestros sueños.

DMS

A mi madre, Carol Lester, por su valentía, compasión y sentido de la belleza.

A mi padre, Ernie Lester, por su vigor, entusiasmo y firme optimismo.

Y para David, la luz más brillante que conozco.

SJL

Nota a los lectores

"Abraza al monstruo" es una metáfora juguetona que simplemente significa *abraza tus temores y consigue lo que deseas.* La frase que adoptamos como título alude a que el crecimiento personal está ligado a los retos, ya que para alcanzar nuestro máximo potencial como seres humanos, debemos vivir la aventura de la vida. Por lo tanto, nuestro título se refiere no sólo a la teoría, sino al movimiento que conduce al descubrimiento de nosotros mismos. Abrazar monstruos genera emoción. Este es un libro práctico repleto de historias verdaderas que le alentarán e inspirarán; incluye varios ejercicios que le harán avanzar hacia la consecución de sus sueños. Nosotros pensamos que para vivir los sueños debemos enfrentar nuestros temores. Esta hipótesis está apoyada con evidencias, unos cuantos métodos, muchas sugerencias y bastante diversión. A pesar de ello, nuestro primer objetivo no es tanto darle consejos, sino ponerlo en acción para que experimente por sí mismo. *Todos los monstruos son metáforas,* y les hemos asignado nombres arbitrarios que simbolizan los obstáculos encontrados en nuestra propia vida. No dudamos de que también estarán presentes en la suya.

DMS & SJL

Introducción

"Abrazar al monstruo" no es sólo una metáfora para mí. Hace 30 años, empecé mi vida como aventurero y atleta; quería experimentar el mundo. No era mi intención principal convertirme en un maestro de los riesgos y tampoco pensé en llegar a escribir un libro.

¿Qué hacer cuando nos encontramos con un monstruo y no tenemos a dónde huir?

Imagine que está encerrado a solas en la cueva de San Miguel, en Gibraltar; pasará la noche en ese sitio como lo hice yo en 1972. Usted no puede imaginar que exista una oscuridad como aquella —un mundo fantasmal con innumerables cámaras e infinitos túneles en que hasta la propia respiración hace eco. Pareciera que uno no está solo. Usted sabe que los agresivos simios Barbary viven en el peñón de Gibraltar y no deja de pensar en que también pueden vivir en la cueva. Dispone de una linterna y una cabeza llena de historias sobre personas que entraron en la cueva para no salir nunca más.

Estaba en la cueva porque me había propuesto realizar una serie de actos atléticos y psicológicos llamada "Las Olimpiadas de Todo Hombre, el Decatlón de la Aventura". Era un año olímpico y yo estaba convencido de que la competencia consigo mismo era la forma más pura del espíritu competitivo. Yo quería demostrar dicho concepto al expresar los ideales olímpicos (más rápido, más alto, más fuerte) en cuerpo, alma y espíritu, de manera que todos pudieran emularlos, no sólo los atletas olímpicos. Las pruebas o eventos que diseñé eran empresas psicológicas y físicas que requerían habilidad y resistencia.

Entre los eventos se contaba el nado alrededor de Gibraltar, algo que nadie había logrado antes; una caminata a ciegas en el laberinto de callejuelas que forman la vieja medina de Tanger; ganarme la vida durante unos días como contador de historias en la plaza central de Marrakech; caminar en el agua del río Bouregreg utilizando "zapatos" para caminar en el agua; correr un maratón en el desierto del Sahara; escalar la montaña más alta del norte de África; andar en bicicleta por la cordillera del Atlas; y la más divertida: enseñar yoga a modelos danesas en los exóticos jardines de Marrakech. La prueba más difícil de mi olimpiada no requería de habilidades atléticas: debía pasar la noche encerrado en la cueva de San Miguel.

La cueva de San Miguel es una atracción turística durante el día. Una puerta de acero que rechina cierra la cueva durante la noche. Conseguí un permiso especial del gobierno para pasar la noche en la cueva; me ofrecieron una llave por si acaso cambiaba de parecer a medianoche. Me negué a aceptarla.

Exhausto por el largo viaje en avión y tras haber corrido por Gibraltar con una antorcha simbólica en las manos, coloqué mi bolsa de dormir en una pequeña cámara de la cueva. La cueva cobraba vida con sonidos extraños, pues las estalactitas goteaban sobre la arena y las rocas. Mi cuerpo no disponía de defensas mentales para hacer frente al terror que comenzó a invadirme. Trataba de interpretar los sonidos ululantes que provenían del fondo de la cueva. ¿Serían los monos? Sentí pánico. Tomé mi linterna y recordé las historias de otros exploradores que se habían desvanecido en esa cueva sin fondo conocido. La linterna me sirvió de muy poco, ya que su luminosidad era transformada por las estalactitas hasta convertirse en una tribu de rostros que gesticulaban y amenazaban. El miedo me estremecía, mi respiración se entrecortaba y mi cuerpo se tensaba. Creí que encanecería debido al terror. Desee haber aceptado la llave para salir del lugar cuanto antes. Inseguro y desorientado, era incapaz de moverme. La lógica y la objetividad reforzaban los horribles hechos: simios entre las rocas, exploradores perdidos, una cueva sin fondo. Volví a tener tres años de edad; volví a enfrentarme a los indómitos y fieros monstruos que vivían en mi imaginación infantil.

Al darme cuenta de que mi mente estaba provocando severos problemas y de que mi cuerpo, cansado y aterrorizado, sería una defensa más bien inútil, sentí que mi confianza se evaporaba. Estaba en la cámara de los horrores. Paralizado por el miedo, me senté inmóvil y traté de no respirar; no quería llamar la atención y, además, quería evitar los indescriptibles sonidos que mi respiración provocaba. Perdí la noción del tiempo. Probablemente transcurrió una hora completa en que yo era como un espectador que miraba la escena desde otro lugar, por encima de mi cabeza. Dejé de utilizar la cabeza y toda mi atención se concentró en el corazón. Un sentimiento nuevo me envolvió aislándome del miedo. Algo extraordinario sucedió en mi interior. El estar en la cueva se convirtió en una nueva manera de existir: "No me importa qué clase de monstruo esté frente a mí. Estoy dispuesto a abrazarlo." Tal fue mi decisión.

En ese momento, juré literalmente que abrazaría a cualquier monstruo que se aproximara, sin importar lo grande o espantoso que fuera, sin importarme nada en absoluto. Con esa idea en mi mente, me fui quedando dormido y sobreviví en la cueva de San Miguel ileso. Era un hombre rico que había descubierto una nueva fuerza espiritual. *Sabía que el miedo puede paralizar y que el miedo paralizante puede ser superado.*

Al día siguiente me enteré de que el cuidador de la cueva de San Miguel había encontrado recientemente huellas no identificadas en el interior de la caverna. Hasta ahora, no tengo idea de qué cosa vive o se oculta en las entrañas de la cueva. Tampoco sé que tan cerca estuve de encontrarme con una criatura maligna. Aún así, mi encuentro fue genuino. Salí de esa aventura mucho más vivo que antes.

La lección se repitió cuatro años más tarde. En 1976 decidí ir en busca del monstruo del lago Ness. Mientras que otros buscaban al legendario monstruo en botes, yo lo haría nadando, ofreciéndome como carnada. Al compartir el medio ambiente del monstruo, pensaba poder encontrar a la misteriosa criatura que los habitantes locales llaman "Nessie". Al principio de la aventura tenía la seguridad de poder cruzar el lago a nado. No temía fracasar porque era un nadador de resistencia. Escogí el lugar en el que la criatura había sido vista con más frecuencia, sin tomar en cuenta que esa era la parte más ancha del lago. El lago es negro. La visión subacuática es imposible. Poco tiempo después de entrar en el agua, me invadieron terribles visiones de criaturas prehistóricas agresivas que nadaban con el hocico abierto. El miedo comenzó a dominarme.

Recordé la lección aprendida en la cueva de San Miguel. ¿Podría abrazar a Nessie? Me respondí afirmativamente sabiendo que era capaz de abrazar al monstruo y atravesé el lago con una maravillosa sensación de aventura que me dio aliento y determinación. Sonreí al pensar en mi temor. Me preguntaba si Nessie estaría nadando debajo de mí o en un lugar remoto del lago; lo mismo me daba, pues no hubiera podido verlo aunque se encontrara a medio metro de distancia. No logré ver a Nessie, pero confirmé la lección. "Cuando pienses en un monstruo, abrázalo." Desde entonces, esa ha sido mi filosofía.

Los riesgos, como el arte, son una cuestión personalísima. Lo que para algunos es una aventurilla sin importancia, para otros cobra importancia capital. Solemos mostrarnos reacios a confesar nuestros temores. Sin embargo, puede usted estar seguro de que las cosas que le atemorizan son distintas de las que atemorizan a sus amigos. Nuestros temores son únicos, lo mismo que las huellas digitales. En cierto modo, son regalos especiales que determinan quiénes seremos en la vida. Aquello contra lo que luchamos, lo que evitamos y resistimos, nos moldea tanto como las cosas que nos agradan y hacemos de buena gana. Pero cuando nos comprometemos a llevar una vida llena de descubrimientos —interiores y exteriores—, eventualmente nos enfrentaremos a la oscuridad en que habitan todos los monstruos.

Este libro contiene el relato de numerosas aventuras y de las lecciones que aprendí de cada una. Le contaré a usted sobre mi transformación, ocurrida en 1964, cuando dejé de ser el tipo indolente que fumaba, bebía y perdía el tiempo siendo dueño de un bar en San Francisco, el *Dirty Bird*, para convertirme en el primer hombre que nadó de África a Europa. Le contaré sobre la experiencia vivida al remar dos mil millas a lo largo del Nilo, al correr por el paso de Khyber y al atravesar el Sahara trotando sin compañía.

No todas mis lecciones sobre el temor provienen de las aventuras atléticas. Por ejemplo, el ser invitado al programa de Johnny Carson, *The Tonight Show*, es una de las experiencias más atemorizantes que he tenido en mi vida. Imaginen las escenas que suceden tras bambalinas, en un cuarto verde en que se encuentran las superestrellas del mundo; yo las vi caminar nerviosamente, sudar y volver el estómago cuando el miedo los paralizaba. Puede parecer divertido el salir en la televisión con Johnny Carson, pero créanme, es en extremo aterrador.

Con el paso de los años he desarrollado un método para dominar el miedo, para adaptarme a los cambios y aceptar riesgos. Cualquier monstruo que tenga un nombre puede ser abrazado si se siguen los pasos que expongo en las líneas de este libro. El sistema me ha funcionado a mí y a los miles de personas con que lo he compartido.

Desde 1988, como orador profesional, he aconsejado a miles de ejecutivos al compartir mis historias y perspectivas sobre la evaluación de los riesgos. Al reunirme e interactuar con tantos hombres de negocios, me he percatado directamente de las consecuencias que acarrea el rápido cambio social, situación que ejerce una enorme presión sobre la gente. La inestabilidad en el empleo es un temor de gran importancia. Me he dado cuenta de que el miedo despertado ante la posible pérdida del trabajo es casi peor que el generado cuando ya se ha perdido. Las reglas cambian antes de que podamos asimilarlas y por ello sentimos tanta inseguridad.

Para mí, la aventura es verdadera cuando el resultado es imprevisible y lo inesperado sucede. Nuestra época está cargada de aventuras y debemos estar mejor preparados para enfrentarlas. Vivimos en un mundo nuevo. Para evolucionar con él, necesitamos desarrollar nuevas capacidades que nos ayuden a controlar el proceso de cambio. Algunas de las actividades que sugerimos en este libro podrían parecer tontas, inútiles o mundanas. Llévelas a cabo sin omisión. La recompensa es enorme. La idea principal consiste en aprender el método de los cinco pasos para aplicarlo a sus monstruos privados. Al realizar los ejercicios y comprender los métodos que ofrecen, *usted podrá abrazar al monstruo* y enfrentar los retos y aventuras de su propia vida.

Capítulo 1

Abraza al monstruo

Cómo hacer cambios en su vida
a cualquier edad

El temor es un pequeño cuarto oscuro en que se desarrolla lo negativo.

Michael Pritchard

Manos a la obra. Usted ha decidido aprender a abrazar monstruos y es una decisión estupenda. Ya tenemos mucho en común.

Déjeme advertirle que no es lo mismo leer que hacer. Este es un programa activo en que la diversión, la emoción y el conocimiento profundo de su persona serán las recompensas. No importa qué concepto tenga sobre sus capacidades; la distancia que media entre lo posible y lo obtenido no es tan grande cuando usted se compromete a actuar. Incluso los pequeños logros tienen importancia. Aprenderá a superar obstáculos, a actuar y a enfrentar las variables de su vida que le impiden vivir sus sueños plenamente.

El único equipo necesario para comenzar es la intención de tener éxito, una intención ligeramente mayor que su temor al fracaso. Las intenciones son meros pensamientos. Son mucho más grandes y poderosas que las ideas. *No se puede abrazar al monstruo con la cabeza.* Las intenciones o propósitos involucran a todo el ser y provienen del corazón. Después de todo, abrazar es una cuestión emocional. El temor tiende a relacionarse con la sensación de estar solo. La dinámica de un abrazo se relaciona con una sensación de pertenencia, de contacto. Este es el secreto. Cuando realice los ejercicios con el corazón, aprenderá mucho sobre usted mismo y sobre las cosas de que es capaz en cualquier aspecto de la vida.

¿Qué tan rápido cambian las cosas en el mundo? "Nadie puede sumergirse en el mismo río dos veces", sentenció Heráclito al describir la naturaleza esencial de nuestra vida, su flujo continuo, su cambio constante. ¿Qué diría el filósofo si viviera en la actualidad y no en la Grecia del año 500 A.C.? Quizás hubiera sido de los primeros en explorar la supercarretera de información para ordenar una pizza vía Internet. Quizás no.

Tantos monstruos... Tan poco tiempo

Estos tiempos acelerados requieren formas de vida y relación que ni los más sabios filósofos habrían podido imaginar. Es posible que la tecnología facilite nuestro desarrollo intelectual, pero, ¿quién de nosotros podría afirmar que se siente más feliz y saludable? Los indicadores sociales sugieren que la enfermedad, el sentimiento de fragmentación, aislamiento, pérdida de control y conflicto, se han elevado a pesar de que gozamos un grado de comodidad nunca antes alcanzado por la humanidad. *¿Qué sucede?*

No podremos convertirnos en lo que estamos llamados a ser si seguimos siendo las mismas personas que ahora somos. Estamos ante las paradojas de la evolución y el cambio. Aprender a manejar el cambio significa convertirnos en maestros durante el proceso mismo. Tanto individual como colectivamente, nuestro destino estará determinado por la capacidad de tomar decisiones sanas, valientes y sabias. Resulta que todo trabajo es estrictamente personal. La atención que pongamos en nuestra vida diaria es más importante que todos los conocimientos adquiridos hasta entonces. Como dice el gurú de la administración empresarial, Peter Drucker: "Defender el ayer es más riesgoso que construir el mañana." Pero, ¿en qué nos estamos convirtiendo y qué clase de mañana estamos construyendo?

Cómo usar este libro

Hemos tratado de que este libro sea interactivo y amigable. Usted podría usar un cuaderno de notas y bautizarlo como el *Diario para abrazar monstruos.* En él asentará sus ideas y aventuras, los nombres, fechas, objetivos y temores, hasta los números telefónicos si lo desea.

Los ejercicios se han organizado de manera que se asimilen a las categorías de nuestra vida. Tal vez seamos buenos para la lógica y nuestra creatividad haya pagado el precio. O tal vez nuestra vida profesional es perfecta pero las relaciones personales necesitan apuntalamiento. Podríamos pensar que somos más artísticos que atléticos. El hecho es que tendemos a clasificar las experiencias vitales de acuerdo con nuestra íntima identidad o con la idea que tenemos sobre nuestra supuesta naturaleza esencial. Al abrazar monstruos ensanchamos el ámbito de nuestro ser. Los ejercicios están organizados en seis categorías amplias: los relativos al descubrimiento de sí mismo, los que combaten el aburrimiento, los que estimulan la creatividad, los que nos ayudan a mejorar las relaciones personales, los que nos llevan a emprender aventuras y los que intentan responder a las interrogantes máximas de la vida. La aventura más grande, es decir, la oportunidad de descubrir qué significa ser un humano pleno, está disponible en todo momento de nuestra vida. Helen Keller sabía esto cuando dijo que, a la larga, evitar el peligro no es más seguro que exponernos a él, pues la vida es una aventura o es nada. La aventura tiene que ver con lo imprevisible, lo desconocido y lo que jamás se ha experimentado. Los monstruos pueblan ese territorio sin importar quién sea usted.

Es una buena idea emprender este programa en compañía de otra persona para acelerar y profundizar en su experiencia. Pida a un buen amigo o a su pareja que se una a su programa para abrazar monstruos y manténganse informados respecto del mutuo avance. Compartan sus sueños, temores y metas. Es más fácil hacer cambios en nuestra vida cuando contamos con alguien que nos apoye; lo anterior es especialmente cierto cuando tratamos de romper patrones conductuales arraigados.

Cuando llegue al final del libro, especialmente si ha realizado todos los ejercicios propuestos, comprenderá que las categorías mismas son ilusorias. Descubrirá que los mismos patrones conductuales y los mismos procesos operan en cualquier situación o actividad. Abrazar monstruos significa aceptar el momento presente tal cual es y partir de esa base. La fuente de todo poder radica en el momento actual. Es más fácil analizar nuestra situación presente si nos liberamos de la presión del ego, si dejamos de insistir en tener la razón y permitimos que inicie el verdadero aprendizaje.

¿Cuál es la mejor manera de realizar estos ejercicios? Si usted cree ser bueno en algo, estará más dispuesto a aceptar los riesgos. ¿No es así? En otras palabras, querrá retarse en un área en que la confianza se ha establecido de antemano. Está bien. En ese caso, podrá comenzar con los ejercicios que le resulten más fáciles, pero, ¿para qué limitarse? Al leer y llevar a la práctica este libro perseguimos algo distinto. Además de ensanchar sus zonas de comodidad, crearemos nuevas zonas en donde aparentemente no hay nada. La idea que subyace en todo el libro consiste en hacer un sincero esfuerzo por descubrir aspectos sorpresivos de nuestro ser.

¿Qué sucede cuando abrazamos un monstruo?

Mi carrera como aventurero comenzó inesperadamente en una tarde del verano de 1964. Estaba con mi novia en el Golden Gate y me quejaba de la falta de sentido en mi vida, de beber y fumar demasiado y de no respetar las elecciones que había tomado hasta ese momento de mi vida. No tenía metas valiosas. Tenía bastante dinero, buena ropa, dos autos deportivos y la membresía de un exclusivo club. Mi vida exterior parecía buena, pero la interior era más que deficiente. Cuando mi novia preguntó qué me gustaría hacer, respondí sin pensar que me gustaría nadar a lo largo de todo el Golden Gate.

Su respuesta me sorprendió con la guardia baja. "Y por qué no lo haces?", dijo. "Sólo es algo que siempre he *querido* hacer", respondí para dar a entender que hablaba de un deseo lejano, no de un propósito inmediato. Pero su pregunta removió las fibras íntimas de mi ser. El nadar una distancia equivalente a la longitud del Golden Gate cambiaría la vida de un hombre que soñaba por la de un hombre que convertía sus sueños en una meta asequible.

Mi novia me alentó al decirme que confiaba en mi capacidad de hacerlo si me lo proponía. El viejo yo permanecía impávido, pero el yo potencial se estremecía de emoción. Mi voz interior era la misma, pero estaba animada y viva. Ese fue un momento decisivo para mí.

Opté por concederle la razón a mi novia. Anuncié el nuevo propósito a mis amigos y a los clientes de mi bar. Todos rieron. "Claro, claro." No tardaron en cruzar apuestas en mi contra. Estas eran las personas que me veían de fiesta todas las noches. Estaban conscientes de lo que la empresa significaba, quizás en mucho mayor grado que yo. Era un verdadero parteaguas. Estaba fuera de forma. Los días en que era nadador destacado se habían convertido en historia antigua. Cuando me metí a la alberca por primera vez me sentí humillado al descubrir que sólo podía darle dos vueltas. Pero ese fue el comienzo. Ajusté mis expectativas a la realidad e incrementé la distancia en cada sesión de nado.

En poco tiempo esas dos vueltas se convirtieron en 10, 20 y luego 50. Casi sin darme cuenta, llegó el momento en que estaba listo para entrenarme en las heladas aguas de la bahía de San Francisco. Me uní a un grupo de nadadores experimentados llamado El Club del Delfín. En ellos encontré el apoyo y el espíritu de camaradería que me llevaría a realizar mi objetivo. Meses más tarde, el 17 de octubre de 1964, en mi vigésimo sexto cumpleaños, nade la distancia prevista y se me abrieron las puertas de una vida insospechada. El monstruo parecía enorme. Para abrazarlo tuve que entrenar y nadar dos vueltas más que el día anterior.

¿Cuántas clases de monstruos existen?

No soy un psicólogo. La mayor parte de mi conocimiento proviene de la vida real, no de los libros. Aunque existen millones de monstruos posibles, para nuestros propósitos bastará la mención de tres tipos básicos de temor. El primero consiste en una respuesta instintiva, en una alarma que se dispara en circunstancias que presuponen verdadero peligro. Si usted ha sobrevivido a un desastre natural, a un incendio o accidente automovilístico, si trabaja en un área de elevada criminalidad, conocerá a la perfección este tipo de miedo. El segundo temor, mucho más común, es el que implica cambios y reticencia ante lo desconocido. La tercera clase está relacionada con las fobias o temor a las alturas, las serpientes o los sitios en que hay mucha gente. Los patrones conductuales personales, las experiencias y los hábitos —respuestas inconscientes a eventos determinados— pueden ser herramientas poderosas o monstruos, dependiendo de sus efectos recurrentes. Me explico.

Durante los primeros días de mi travesía en canoa por el Nilo, casi todo objeto divisado entre las aguas me parecía un cocodrilo. Los troncos que flotaban en el río y las sombras proyectadas por las ramas de los árboles ribereños me sugerían peligro y, por lo tanto, me atemorizaban. Antes de poder reconocer cocodrilos verdaderos, mi imaginación los creaba en donde no existían. Tuve que convertirme en estudioso del río antes de que mi adrenalina retornara a niveles razonables.

Nuestra experiencia tiene una relación íntima con nuestras creencias. Si usted trabaja en un zoológico alimentando y cuidando reptiles, su respuesta ante la presencia de una serpiente será muy distinta a la de una persona que se dedica a otra cosa. Las fobias también pueden vencerse utilizando el sistema de los cinco pasos, mismo que abordaré más adelante.

Como usted podría ser incapaz de modificar los eventos externos que tienen lugar en su vida actual, sería bueno empezar por cambiar su sistema de respuestas condicionadas a dicho eventos. No trato de disertar sobre los aspectos fisiológicos o psicológicos del miedo. Este es un libro de acción que le ayudará a enfrentar directamente cierto tipo de temores —los que provienen del cambio y lo desconocido. Esto significa que debe convertir los riesgos en piedra angular de su vida.

Los ejercicios de calentamiento le llevarán a analizar sus sueños, temores y valores. ¿Le inquieta el recuerdo de todas aquellas promesas no cumplidas? ¿Toma en serio sus sueños o sólo le sirven para animar la conversación? ¿Qué hay de sus temores? ¿Puede nombrarlos? Ciertamente, el tener sueños y temores es parte esencial de la vida, pero si uno suele guardarlos en una especie de bolsa nueva para mirarlos solamente en la noche de fin de año, es posible que le traigan más ansiedad y angustia que esperanza. Deberá evaluar sinceramente su relación con los sueños, temores, fortalezas, debilidades, tiempo disponible, valores y dinero. Para descubrir qué tan bien se conoce hasta el día de hoy, imagine que el dinero deja de ser un obstáculo para vivir la vida soñada. Haga un esfuerzo. ¿Verdad que la mente vuelve a llenarse de "peros" y demás pretextos? ¿Son reales las limitaciones impuestas? En esto consiste el calentamiento para la aventura de abrazar monstruos. Tome muchas notas. Realice los ejercicios de calentamiento con decisión, valentía y honestidad; poco a poco emergerá su verdadero ser y este ser se convertirá en la base de los ejercicios activos.

Las cinco etapas necesarias para conocer a su monstruo

Como aventurero, evito buscarme problemas o emprender emociones vacías o carentes de sentido. No tomo las cosas a la ligera. No sirve de gran cosa el que un amigo diga "domina tu mente" cuando el estómago está hecho nudos y las manos sudan copiosamente ante el peligro a enfrentar. Definitivamente, es necesario aprender sobre los monstruos antes de poder abrazarlos.

El temor se presenta cuando enfrentamos lo desconocido; genera una sensación para la que no estamos preparados adecuadamente. De acuerdo con mi experiencia, he descubierto que si nos tomamos el tiempo necesario para conocer, evaluar y considerar el reto, solemos incrementar la confianza y el valor. Si no nos preparamos, el temor es un aviso de la naturaleza que advierte sobre la necesidad de trabajar más en el asunto. No recomiendo vencer el temor con una actitud machista y desafiante (falsa valentía). Si quiere llegar a su meta o realizar sus sueños, debe tomarse el tiempo necesario para una adecuada preparación.

La parte más sabia de mi ser se rehúsa a simplificar las aventuras que decido emprender. He aprendido a asegurarme de comprender la naturaleza y magnitud de las cosas que realizo. Como resultado, tras muchos años de aventuras y riesgos asumidos, he desarrollado un método de cinco pasos que me mantiene concentrado en los factores importantes —el tipo de factores que uno puede pasar por alto debido a la impaciencia o el entusiasmo. Tal vez usted tenga su propio método; si funciona, siga utilizándolo. El hacer las cosas con paciencia es fiel expresión de su compromiso con el éxito de la empresa. Cada ejercicio del libro se basa en el sistema de los cinco pasos. Así, aprenderá a dedicar a la preparación el tiempo debido. Memorice el sistema, pues esto le garantizará el éxito. Cuando considere la naturaleza de un monstruo, haga lo siguiente.

1 Obtenga información

El temor y la oscuridad son un binomio inseparable; lo mismo sucede con el conocimiento y la luz. El temor proviene de la ignorancia. Se genera como resultado de lo desconocido. Para suprimir la ignorancia, debemos obtener información. *Todo tipo de información. Toda la información posible.* Al estar conscientes de aquello que no conocemos, accionamos una especie de interruptor que ilumina la mente. Trate de ordenar un cuarto con las luces apagadas. No puede hacerse. El primer paso del método equivale a accionar el interruptor de la luz, iluminando así el rostro del monstruo.

No tiene nada de malo ser un principiante. Asúmase como tal y libérese de las nociones preconcebidas, buenas o malas, que ya tenía antes de convertirse en genuino aprendiz. Afortunadamente, todos somos aprendices vitalicios. En cualquier caso, deberá aprender de sus propios monstruos; si no tuvieran nada que enseñarnos, ni siquiera serían monstruos.

Crecí en una familia que recibía mensualmente la revista *National Geographic.* Cuando crecí, sabía exactamente cómo alimentar mi sentido de la aventura. Cuando decidí que quería correr en África oriental, sitio en que corrió y cazó el Primer Hombre, comencé por aprender todo sobre el medio, la gente, el lenguaje y las habilidades específicas que debería adquirir. Viendo películas y videos, me encontré con recreaciones de cómo se movían los cazadores primitivos; puse atención a los sonidos que emitían, estudié mapas, concebí en entorno desde el punto de vista de los animales acechados y hablé con personas que ya habían estado allí. Por lo regular, la investigación misma es una aventura muy divertida.

Todo reto comienza con una investigación acuciosa. Se debe trabajar con hechos concretos, no con suposiciones o creencias. Por ejemplo, si finalmente ha decidido quitarse esos 15 kilos de más, no se trata de comenzar la dieta y nada más. Aprenda sobre su cuerpo y sus necesidades alimenticias. Lea. Hable con gente que ha bajado 15 kilos sin recuperarlos. Consulte a un médico. Aprenda lo necesario sobre gramos de grasa, la quema de calorías y sobre cuánto tiempo requerirá para llegar a su objetivo basado en su tipo de cuerpo y en su metabolismo.

El proceso de información ocurre en múltiples niveles. Una vez que haya hablado con el médico, aprendido sobre gramos de grasa y establecido un régimen alimenticio, reunirá y valorará todos los datos obtenidos; no sería raro que añadiera un programa de ejercicio para acelerar el metabolismo y el proceso de reducción. Podrá experimentar con varios deportes hasta dar con el que más se ajuste a sus necesidades. La flexibilidad es parte esencial del proceso informativo. Aprenda a ser flexible, teniendo en mente el objetivo a largo plazo mientras ajusta sus actividades internas.

2 Desarrolle la habilidad (haga las dos vueltas)

Como dice el proverbio, "centímetro a centímetro se llega al metro; metro a metro es más difícil avanzar." La práctica desarrolla sus capacidades, lo cual le llevará a alcanzar la meta. Además, es importante para su salud y seguridad.

Sean cuales sean los monstruos que decida abrazar, siempre recuerde que la investigación no basta. Es mejor prepararse a conciencia, manteniendo a un lado el orgullo para no realizar ninguna actividad sin tener las capacidades requeridas.

Al desarrollar sus habilidades, tenga en mente que los pequeños pasos eventualmente llevan a dar pasos gigantescos. Toda empresa personal o colectiva tiene un punto de partida. Debe dar las dos primeras vueltas para comenzar. La *autodisciplina*, requisito para el desarrollo de habilidades, es mucho más fácil de obtener cuando usted se da cuenta de que la práctica, la repetición y la experimentación pueden ser divertidas. Pensemos en el sendero que se abre en el campo por el paso continuo de los hombres y animales. El sendero ha sido recorrido muchas veces y la hierba se ha aplastado. Cuando abrazamos un monstruo y cambiamos de camino, la hierba estará muy alta y no tendremos una visión muy clara del rumbo que seguimos, pero al practicar continuamente —dos vueltas a la vez, por decirlo así— llegaremos a formar un sendero familiar. Habremos creado un nuevo camino. Asimismo, cuando usted aprendió a andar en bicicleta, es probable que el proceso incluyera varias caídas. Esto no es un fracaso, es parte del proceso de aprendizaje y preparación. Si aprendemos a concebir el fracaso de manera distinta —como retroalimentación esencial— nos divertiremos más y aprenderemos mucho más rápido. Por ejemplo, cuando preparo un discurso, programo pláticas con los clubes de servicio social de mi comunidad, pues los asistentes no son tan estrictos y así conozco personas que me retroalimentan respecto de mi plan general. La retroalimentación siempre ha beneficiado mis programas.

3 Programe una fecha

En ocasiones establezco una fecha desde el principio para impulsar el resto de los pasos que componen el plan. "Me voy al Amazonas durante seis semanas a partir del siguiente 10 de diciembre." Este es el tipo de compromiso que suelo establecer con nueve meses o hasta dos años de anticipación. Los siguientes pasos estarán determinados por este plazo límite. Pero eso no es todo. Hay que reservar el boleto de avión o, mejor aún, comprarlo. Asegúrese de que el plazo sea cómodo y realista. Debe mantenerse firme en su decisión, sin permitir que nada se interponga en su camino. He hecho esto docenas de veces y funciona como un imán que atrae la información, los recursos, la energía y fructifica haciendo realidad los sueños.

Anote sus intenciones en un calendario o agenda y comente el propósito con tres personas cercanas. ¿Siempre ha querido tocar la sonata *Claro de luna* de Beethoven en el piano? No se limite a tomar lecciones. Programe una presentación y pida a seis amigos que se presenten en su casa el 19 de mayo, aunque falten sólo cinco meses para su ejecución.

4 No lo piense mucho, sólo abrace al monstruo

Me gustaba mucho observar los despegues del transbordador espacial por la televisión. Solía contener el aliento cuando la cuenta llegaba al diez, nueve, ocho, siete, seis... hasta el despegue. No pensaba en que la cuenta regresiva había comenzado en la NASA meses atrás; yo únicamente escuchaba los últimos diez segundos de varios años de trabajo. Abrazar monstruos es muy parecido. El día del abrazo siempre llega. Puede *contar* con ello.

Con la información acumulada paciente y concienzudamente y la habilidad desarrollada hasta su punto óptimo, ahora está usted listo para despegar. Deje de pensarlo y nada podrá detenerlo, especialmente si se compromete a hacer su mejor esfuerzo sin faltar a su palabra. Si ha seguido el método hasta este momento, tiene el control de las cosas pues ha minimizado los obstáculos al concentrar su energía exclusivamente en las fortalezas de su temperamento y capacidad. Cuando llegue el día señalado, nada será más importante que abrazar al monstruo. Si usted es como yo, es probable que se sienta emocionado. Seguro que estará un poco nervioso. ¿Qué de malo tiene? Ha convertido su ego, su tiempo y tal vez algún gasto. No me gusta utilizar la palabra suerte porque ésta tiene una participación mínima en nuestras vidas. Debemos ser responsables de nuestras acciones y sus consecuencias. Aún así, la aventura entraña sucesos inesperados. En ese sentido, la mejor definición de suerte es: "el momento en que la preparación se encuentra con la oportunidad". Cuando se siguen los pasos de este método, es muy probable que usted convierta el día de abrazar en un día afortunado. Ha cumplido con su misión. Ha practicado y entrenado. *Usted puede hacerlo.*

5 Reflexione

¿Se ha fijado en que el crecimiento casi nunca resulta obvio cuando está teniendo lugar? Los humanos estamos dotados con una maravillosa capacidad de reflexión. Cuando su meta esté cumplida, tómese su tiempo para revivir todos los pasos y sentir todo lo experimentado a lo largo del camino. Una parte esencial de la reflexión es el hecho de establecer puntos de referencia internos —memorias tridimensionales que indican qué sentimos al abrazar al monstruo. Use sus sentidos para escuchar, ver, oler, gustar, tocar y sentir todo lo sucedido durante el evento. Repáselo hasta formar una especie de película mental que refuerce la memoria. Fíjese en los acontecimientos destacables. Aprenda de la experiencia y guárdela en la memoria de principio a fin.

Estos recuerdos son puntos de referencia que ayudarán a detectar nuevos monstruos que abrazar en el futuro, pues le recordarán su éxito; le proveerán de la confianza necesaria y serán prueba contundente de que usted es capaz de hacer casi cualquier cosa.

Otro elemento esencial de la reflexión es el contar su historia a los demás. Como dijo Muriel Rukeyser, "El universo está conformado por historias, no por átomos." Al relatar un evento, se establecen conexiones vitales entre usted y los demás.

¿Qué es un monstruo?

Un monstruo es cualquier cosa que parece interponerse entre usted y su felicidad, tranquilidad y/o sentido de bienestar. Decimos *parece* por una buena razón. Mientras no se decida a abrazar al monstruo, éste existe firmemente plantado entre usted y su meta. Puede ser fuente de angustia, insomnio, culpa, vergüenza o *cualquier otro sentimiento negativo que tenga su origen en un conflicto consigo mismo.* Si evita los monstruos se sentirá atrapado y controlado por ellos.

En cuanto usted se acerca al monstruo directamente, éste se transforma en una suerte de energía que le impulsará en dirección a su objetivo. Con cada monstruo que abraza, use el método de cinco pasos que recomendamos y experimentará una sensación de alegría, de libertad, de confianza y felicidad. Será el conductor de su propia vida. El éxito produce más éxito. Al abrazar más monstruos se convertirá en experto. Cuando ya haya aprendido a reconocer los conflictos internos en su justa naturaleza, probablemente no dudará en convertir este método en una forma de vida.

Capítulo 2

Ejercicios de calentamiento

Asígnenme una obligación en la que pueda poner algo de mí mismo y entonces dejará de ser una obligación; se convierte en alegría, en arte.

—Bliss Carmen

Este capítulo contiene siete ejercicios de calentamiento que le ayudarán a sentirse preparado para enfrentar a los monstruos que abrazará en las semanas o meses por venir. Afortunadamente, el calentamiento le revelará cuestiones esenciales sobre usted mismo y constituirá un cimiento firme para el trabajo, la aventura y la diversión posteriores. Considere la posibilidad de realizar un mini-retiro, ya sea en casa o en algún otro lugar especial. Planee con anterioridad a fin de evitar contratiempos. Empaque un almuerzo ligero y vaya a su parque favorito. O pase toda la tarde en un café acogedor. O deje que su máquina contestadora tome los recados por usted, prenda fuego a la chimenea, ponga un disco de música tranquila y anuncie a los que viven con usted que no desea ser molestado en varias horas.

Una de las premisas principales de este libro es que aprendemos y crecemos más al hacer que limitándonos a pensar. En el capítulo anterior expusimos el método de cinco pasos para abrazar monstruos. Para ayudarle a asimilar el método, en este capítulo le pediremos que lo aplique a un evento personal pasado —un evento en que haya asumido un riesgo exitosamente. Descubrirá que este método es orgánico, pues ya lo ha seguido antes sin siquiera percatarse de ello.

El primer ejercicio de calentamiento se llama *Cómo abrazar un monstruo*. Los siete ejercicios de calentamiento están relacionados y cada uno prefigura al siguiente. Están diseñados para ayudarle a poner en marcha un proceso. Aunque parecen simples a primera vista, establecerán y/o clarificarán su relación con algunos conceptos complejos y emocionantes: el placer y el dolor, los sueños y temores, el éxito y el fracaso, la prosperidad y la carencia, en suma, todo lo que compone el alimento de los monstruos.

Cuando usted abraza un monstruo altera para siempre el patrón de su vida y experiencia, proveyendo un nuevo centro de energía en su ser. Esa es la recompensa inmediata. Las recompensas adicionales están por llegar, pero tienden a manifestarse en la calidad de su vida en general más que una transformación instantánea.

No creo que existan las transformaciones instantáneas, aunque estamos hablando de un mito muy popular. Formamos parte de una cultura que, durante décadas, ha perseguido incansablemente el destino que atribuimos a las personas exitosas. Pareciera que esperamos un día en que diremos: "Bueno, ya logré todo lo que quería", creyendo que hemos accedido a la verdad última y que nunca más estaremos sometidos a la oscuridad, la soledad y el miedo. El hecho es que muy pocos de nosotros experimentamos el crecimiento interior como una centella. La naturaleza no funciona de ese modo. El relámpago trae consigo una intensidad anonadante que nos hace olvidar lo básico, es decir, el tiempo que tomó a la naturaleza generar esa descarga. El cambio verdadero es un proceso que tiene lugar en el contexto de su vida en general; no se trata de un momento aislado. No obstante, disponemos de herramientas, estrategias y técnicas que le ayudarán a hacer de su crecimiento personal un proceso agradable y, probablemente, menos lento.

Existen diversas especies de monstruos, y esta sección le ayudará a reconocerlos sin importar sus disfraces. Pueden existir en cualquier ámbito de la vida y gobernar cualesquiera circunstancias o conflictos. Lo importante es que usted pueda detectar la presencia de uno o dos monstruos en ciertas áreas trascendentes de su vida. Tenga en cuenta que mientras más se conozca a usted mismo, más sabrá acerca de los monstruos.

Las familias de monstruos

¿Cuáles son los conflictos internos o monstruos más comunes? Para poder responder a esa pregunta, debemos analizar primero los contextos en que transcurre nuestra vida. Estos contextos son, esencialmente, tres: el yo, los otros y el medio ambiente. Nuestra comodidad o incomodidad provienen de la manera en que interactuamos dentro de los contextos mencionados.

Tomando lo anterior como punto de partida, buscamos y nombramos las principales conductas que se presentan una y otra vez en forma de monstruos que impiden nuestro accionar, nuestro crecimiento y el disfrute pleno de la vida. A continuación presentamos un resumen que abarca a las principales familias de monstruos y las conductas con que se relacionan. Cada uno de ellos tendrá su sección correspondiente para un análisis más detallado.

- ***Monstruos de la inercia.*** Se encuentran en cualquier aspecto de nuestra vida que esté gobernado por rutinas que se convierten en hábito o costumbre.
- ***Monstruos de la lógica.*** Deambulan por el llamado "mundo real" en el que actuamos sólo conforme lo que vemos, tocamos y conocemos. Merman nuestra capacidad de actuar de acuerdo con los impulsos, de ser creativos, de usar nuestra intuición o tomar las cosas a la ligera. Los monstruos de la lógica separan las cabezas de los corazones.
- ***Monstruos de las relaciones.*** Se muestran en infinidad de circunstancias en que están involucrados los conflictos con las demás personas.
- ***Monstruos de la libertad.*** Encuentran toda suerte de razones para impedir la evolución de la vida; sus conceptos favoritos son: seguridad, control, responsabilidad y previsibilidad.

• ***Monstruos eternos.*** Se interponen entre nosotros y la vida espiritual. De acuerdo con la experiencia de muchos exploradores, psicólogos y místicos, estos son los monstruos más poderosos de todos. Para abrazarlos se requiere afrontar el misterio supremo de nuestro ser, la mortalidad.

Diseñando su propio programa para abrazar monstruos

Para estar en buena condición física usted ejercita todo su cuerpo, no sólo los brazos y piernas. Un programa diseñado para abrazar monstruos funciona de la misma manera. Para asegurarse de enfrentar sus miedos, actitudes y conductas de manera equilibrada, le recomendamos crear grupos de ejercicios, seleccionando al menos un monstruo de cada familia enumerada. Con esto evitará la tentación de abrazar los monstruos menos complejos y obtendrá el máximo de entrenamiento, pues estará dispuesto a enfrentar cualquier temor, no únicamente algunas clases de miedos.

Sería ideal que utilizara un cuaderno de notas para mantener un registro de su progreso, de sus compromisos y de los descubrimientos realizados al poner en práctica todos los ejercicios.

Es muy importante hacer los ejercicios para usted mismo y no para granjearse la aprobación de otras personas. Todos maduramos a ritmos distintos y somos estimulados por diversas experiencias vitales. A veces, un evento importante, como por ejemplo el mudarse, divorciarse, perder el trabajo o la muerte de un ser amado, funciona como detonador del proceso que nos libera de los valores que regían el medio ambiente infantil. En ocasiones, las circunstancias que escapan a nuestro control nos obligan a enfrentar los temores, pero también existen ocasiones en que nuestras propias decisiones nos conducen al enfrentamiento con los monstruos o impedimentos. Lo más común es que el proceso funcione como una especie de destilación lenta que obra de acuerdo con el tiempo y los altibajos de la vida; así llegamos a descubrir nuestra exclusiva visión del mundo.

Encienda las luces y mire debajo de la cama

¿Recuerda los monstruos que poblaban su habitación cuando era niño? Vivían en el ropero, debajo de la cama, en el techo o cerca de la ventana. Eran poderosos en la noche e impotentes durante el día. Era fácil hacerlos desaparecer en la noche; bastaba con prender la luz o llamar a mamá o papá. ¿Se paralizaba usted por el miedo o simplemente prendía la luz? Las siguientes preguntas funcionan como una especie de interruptor de luz que conducirá a la realización de sus sueños.

Ya que hemos abordado el tema de la niñez, permítame preguntar si, siendo niño, pasaba usted horas soñando con lo que sería su vida adulta. De vez en cuando es bueno recordar la versión adulta que usted imaginaba al tener unos 10 años de edad. ¿Cuáles son las similitudes de esa vida imaginada con la que vive en la actualidad? Si existe algo que haya quedado a medias, que haya sido descartado o eliminado de los planes, este puede ser el momento justo para retomarlo.

Cuando haya completado los siete ejercicios de calentamiento que presentamos a continuación, vuelva atrás y reflexione sobre sus respuestas. Se dará cuenta de que ha creado algo similar a un autorretrato, inmejorable punto de referencia para compararse con el "viejo" yo. Asegúrese de fechar las páginas en caso de mantener un diario. Algún día disfrutará de la relectura y se percatará de lo mucho que ha crecido y avanzado.

Ejercicio de calentamiento 1. Cómo abrazar un monstruo
Monstruo: Miedo al fracaso

¿Qué tan bueno es para asumir los riesgos? *Recuerde un evento exitoso de su pasado en el que debió actuar a pesar de tener miedo.* ¿Cómo fue el proceso? ¿Cómo cambió su vida? Piense en el más grande de sus éxitos. Los probables candidatos son: cambio de carrera, renuncia a cierto empleo, casarse o divorciarse, comprar una casa, poner un negocio, mudarse a otra ciudad, regresar a la universidad o cualquier otra decisión en la que haya calculado los riesgos sin tener la certeza del desenlace —un suceso en que su seguridad, identidad o comodidad estuvieran momentáneamente amenazadas.

Compare su proceso con los cinco pasos o etapas para abrazar monstruos. ¿De qué clase de monstruo se trataba? Si el problema era la dilación o el estancamiento, estamos ante un monstruo de la inercia. Si el problema tenía que ver con otra persona, podría tratarse de un monstruo de las relaciones. ¿Cree que el problema se debía a un enfrentamiento entre los hechos y sus impulsos creativos o intuitivos? Entonces abrazó un monstruo de la lógica. Abrazó un monstruo de la libertad si se percató de que la supuesta seguridad era en realidad una cadena y cambió la dirección de su vida para liberarse. Si abrazó un monstruo eterno no tendrá dudas respecto del enorme cambio y significado de la empresa.

Cómo abrazar un monstruo

1 Obtenga información
Claves: Aceptación, estrategia, flexibilidad
2 Desarrolle las habilidades necesarias
Claves: Dos vueltas, disciplina, fracaso como retroalimentación
3 Ponga una fecha
4 No lo piense demasiado, sólo abrácelo
5 Reflexione

¿Cuáles de los cinco pasos mencionados siguió usted? ¿Cuáles no formaron parte del proceso? ¿Cuáles fueron difíciles? ¿Fáciles? ¿Existe un patrón que dominó su actuación cuando los retos eran grandes? En otras palabras, cuando asumió los riesgos y tuvo éxito, ¿esperó durante años antes de actuar, rehusándose a ponerle fecha al asunto? ¿Evitó el proceso de investigación actuando sin precaución alguna valiéndose del mero impulso? ¿Habría tenido mayor éxito en caso de invertir más tiempo en el proceso de investigación? ¿Ha pensado mucho en ello o piensa que la reflexión es una pérdida de tiempo? Si le resulta útil, anote las conclusiones en su diario o cuaderno de registro.

Ejercicio
Primera parte:
Recuerde una ocasión en que abrazó un monstruo, compare su proceso con el método de cinco pasos.
Segunda parte:
Haga una lista de sus mayores éxitos.

Ejercicio de calentamiento 2. El hermoso soñador
Monstruo: Falta de dirección

> *Sueños: Aspiraciones significativas y motivantes que parecen asequibles, pero que están fuera de alcance por el momento.*

¿Cuáles son sus sueños incumplidos? Casi toda persona que conozco tiene una maleta llena de cosas que desea experimentar. Considere todo lo que desea, desde los sueños de toda la vida hasta las viejas ideas desechadas. Quizás posea algún talento sin desarrollar o existan tierras lejanas que sueña con visitar o logros profesionales que desea cumplir. Piense en su niñez, en su pareja y sus amigos. Sumérjase en el mundo de los sueños imaginando que todo es posible: lo físico, lo financiero, lo emocional y lo profesional. No se limite. Imagine absolutamente todo.

¿Qué puede haber impedido que esos sueños se convirtieran en realidad? ¿Se trata de un temor fácilmente identificable o de falta de energía, entusiasmo, recursos y/o imaginación? Por ningún motivo se refrene y tampoco modifique los sueños para justificar los impedimentos actuales. Reflexione y comience a imaginar la manera de vivir todos y cada uno de ellos imaginando la sensación que obtendría al hacerlos realidad.

Ejercicio
Primera parte:
Escriba todo lo que ha deseado hacer. Llene la página con sueños.
Segunda parte:
Seleccione los 10 sueños que más ansía realizar.
Tercera parte:
Finalmente, seleccione tres sueños de la lista de 10, de manera que se conviertan en la piedra angular de su programa para abrazar monstruos.

Ejercicio de calentamiento 3. ¡Ay!
Monstruo: Temores

> *Temores: Sentimientos intensos causados por la posibilidad de un daño.*

¿Cuáles son sus más grandes miedos? Considere cualquier posibilidad, desde el miedo a las alturas, a la vergüenza, a hablar en público, a perder el empleo, a la enfermedad, a la soledad, hasta el miedo al fracaso total. ¿Le preocupa su vejez? ¿Su seguridad financiera? ¿La soledad? ¿No ser un héroe a los ojos de sus hijos? ¿Le preocupa el no tener tiempo para tomarse unas vacaciones o relajarse? Cualquier temor tiene cabida en este inventario de los miedos.

Busque la conexión existente entre sus sueños y sus miedos. ¿Podrán ser los causantes de que los sueños no se hayan cumplido? ¿Puede utilizar dichos miedos para impulsar la realización de sus sueños? ¿Qué sucedería si optara por abrazar todos los monstruos que obstaculizan su felicidad y éxito a largo plazo?

¿Es real el miedo? Sí y no. Digamos que escala una montaña a rapel. Si la cuerda se rompe caerá, supongamos, desde unos 300 metros de altura. Es una idea atemorizante, así que, al menos subjetivamente, el temor es real. Pero la cuerda es lo suficientemente fuerte como para resistir el peso de un camión. Las probabilidades de que se rompa son muy remotas. Objetivamente, el temor es una mentira basada en la ignorancia. He aquí otro ejemplo: Digamos que es muy tímido y que debe atender el local de su compañía en una exposición muy importante. La idea de tener que hablar con extraños lo llena de ansiedad. En realidad, los asistentes a la exposición no tienen intención de lastimarlo. Es muy probable que tengan muchas preguntas sobre los productos o servicios que usted representa y la conversación fluirá sin problemas. La posibilidad de que su timidez sea un problema de consideración es muy remota. Dentro de este contexto, mi definición favorita de temor es: una falsa evidencia que parece real.

Es muy probable que usted no esté al tanto de todos sus miedos, así que esto puede convertirse en un descubrimiento importante. Tómese su tiempo para hacer la lista de miedos. Vaya al fondo de la cuestión. Al realizar este ejercicio determine cuáles miedos son objetivos y cuáles subjetivos, es decir, en qué casos la supresión de la ignorancia erradicaría los miedos que le impiden realizar sus sueños.

Ejercicio
Primera parte:
Escriba todo aquello que le produce temor. Llene una página entera con sus miedos, angustias y ansiedades.
Segunda parte:
De todos esos miedos, escoja 10 que quisiera abrazar y haga una nueva lista con ellos.

Tercera parte:
Finalmente, seleccione los tres temores principales de su lista de 10 para convertirlos en objetivo central de su programa para abrazar monstruos.

Ejercicio de calentamiento 4. Tengo que ser yo mismo
Monstruo: El conflicto interno

> *Valores personales: Conceptos de alto valor personal que dan significado a la vida.*

El tiempo es un recurso no renovable. Al tener conciencia plena del valor de un solo día, podemos dar un paso enorme para transformarlo en una aventura. La manera de utilizar el tiempo es fiel reflejo de los valores personales; también es una buena forma de saber en qué medida se conoce a sí mismo. Hace más de dos mil años, Sófocles escribió: "Uno debe esperar hasta el anochecer para darse cuenta de lo bueno que ha sido el día." Tratamos de hacer nuestro mejor esfuerzo para priorizar nuestro tiempo en función de las cosas que son más importantes para nosotros —para dedicar el tiempo a actividades acordes con nuestros valores personales.

Pero a veces no somos dueños de nuestro tiempo. En algún momento, la vida comienza a vivirnos y no a la inversa. Por ejemplo: podemos decir que valoramos la libertad por encima de cualquier otra cosa, pero nos encontramos desempeñando una profesión esclavizante. Podemos decir que valoramos a la familia, pero pasamos el tiempo enfrascados en labores que les proporcionan seguridad financiera sin procurarnos unas simples vacaciones con ella. La vida auténtica surge del cuestionamiento de los valores de nuestros padres, maestros y amigos. Entonces podremos encontrar los valores a que podemos adherirnos sin cortapisas, con todo el ser. Los valores tienden a cambiar de acuerdo con el grado de madurez alcanzado en la vida.

Hace tiempo descubrí que, cuando mis acciones están de acuerdo con mis valores, la vida me parece bella porque no existe conflicto dentro de mí. Claro que hay obstáculos, pero la superación de los mismos forma parte de mis valores. ¿Cuál es su opinión? ¿Existe congruencia entre sus acciones y sus valores? Analice sus actividades y la distribución del tiempo requerido para llevarlas a cabo y luego haga una lista de sus valores. ¿Hay armonía o conflicto? ¿Está equilibrada su vida?

Ejercicio

Primera parte: ¿Qué son sus valores?

Piense en aquello que es verdaderamente importante para usted; anote tantas cosas como le sea posible. Las posibilidades son muy amplias: decir la verdad, ahorrar para asegurar el futuro de sus hijos, ejercitarse para estar sano y en forma, pasar tiempo a solas, departir con los amigos, asistir al templo, ser políticamente activo, etc. También puede incluir cosas como reírse, jugar golf, comer buena comida, ver grandes películas, leer buenos libros o escuchar música, ser aventurero en todos los campos o andar en bicicleta. Sea específico para que advierta la emoción que le produce cada actividad anotada.

Segunda parte: Trace un círculo

Trace un círculo alrededor de los 10 valores más importantes; estos valores serán el eje principal de su vida.

Tercera parte: Comprométase a cumplir con tres valores.

Señale aquellos valores que todavía no ha llevado a la práctica pero desea incorporar a su forma de vida.

Ejercicio de calentamiento 5. El otro lado de la moneda

Monstruo: Falta de claridad

¿Qué es lo que en verdad le molesta?

¿Qué aspectos de su vida le molestan? ¿Qué le hace sentir angustia? ¿Qué hace que su buen humor se convierta en amargura? ¿Qué le hace perder la paciencia, el tiempo, la energía y la imaginación? Anote las primeras ideas que le vengan a la mente. No analice demasiado. Después tendrá tiempo de sobra para ello. Sólo escriba.

¿Qué le gusta de su vida?

Por cada irritación que nos desagrada en la vida, existen muchas alegrías. ¿Qué y quién le hace sonreír? ¿Cuándo se siente satisfecho o colmado de paz y alegría? ¿Qué le da más energía para seguir adelante? Tome en cuenta su vida diaria; capte imágenes agradables y descríbalas en una lista.

Ejercicio
Haga una lista de las 10 cosas que más le molestan en la vida y de las 10 que más le gustan.

Ejercicio de calentamiento 6. Hoja de balance personal
Monstruo: La negación

Benjamín Franklin llevaba un diario personal de hábitos y conductas que deseaba cambiar; trabajaba duro en estos cambios hasta que mejoraba cada punto particular.

La vida exige que repitamos ciertas conductas cotidianamente, aunque algunos objetarán que no somos conscientes de todo acto. Cuando repetimos actos sin pensarlo, les llamamos hábitos. Estos hábitos inconscientes que desarrollamos con el paso del tiempo son los más difíciles de reconocer y, por lo tanto, difíciles de vencer. Regularmente desarrollamos mecanismos de defensa para mantenerlos ocultos, en otras palabras, invertimos muchísima energía inconsciente negando su existencia.

Para combatirlos necesitamos hacer un análisis de nuestros hábitos. Los buenos hábitos producen resultados equivalentes y los malos obstaculizan el desempeño. Si usted siempre se levanta a las seis de la mañana y llega a tiempo al trabajo, estamos ante un buen hábito. Probablemente acostumbra beber demasiado o ver mucha televisión. Estas actividades le roban tiempo precioso, afectan su creatividad y dañan su salud. Son malos hábitos. Atáquelos de frente. Haga una lista de 10 buenos hábitos y de 10 hábitos negativos. Es importante conocer nuestras fortalezas y debilidades por igual. Para enfrentar este monstruo se requiere de gran honestidad. Conforme vaya acostumbrándose a ser sincero, el número de conductas negativas detectadas irá en aumento.

Ejercicio
Haga una lista de diez hábitos positivos y diez negativos. Resalte los más importantes de cada categoría —los que serán más importantes en lo que a abrazar monstruos se refiere.

Ejercicio de calentamiento 7. La rueda de la fortuna
Monstruo: Dinero

Este ejercicio no trata sobre cómo obtener más dinero; trata sobre la actitud que nos llevará a tener una vida plena con o sin el dinero deseado. Nunca llegué a tener una fortuna, pero siento que he hecho las cosas bien. Honestamente creo que la falta de dinero nunca me ha impedido hacer lo que quiero.

Casi todos tenemos monstruos relacionados con el dinero, así que entremos al tema sin mayor preámbulo. *¿Qué cosa convertiría su vida en algo maravilloso?* ¿Qué es lo primero que imagina al pensar en una situación ideal? ¿Se trata de posesiones materiales como casas, autos y ropa? ¿Imagina experiencias como viajes o éxitos profesionales? ¿Acude su mente a ciertas personas con quienes desearía estar o a un estado de ánimo? ¿Quisiera dedicar más tiempo a sus actividades favoritas?

El problema radica en nuestra relación con el dinero. ¿Desea usted un estilo de vida o una vida? Para mí el dinero es una forma de energía, un recurso. La palabra "afluente" proviene de la palabra "fluir" o "flujo". Abrazar monstruos incrementa nuestro disfrute de la vida. La vida parece fluir y, de hecho, fluye. No es necesario tener mucho dinero para lograr que nuestra vida fluya. El tiempo, la energía y la imaginación son recursos poderosos que logran lo que el dinero no puede comprar. De acuerdo con mi experiencia, los recursos necesarios provienen de la innovación y no a la inversa. Para muchos, la vida simple es un lujo que pocos pueden permitirse.

El monstruo del dinero me recuerda ese contundente y famoso comentario de George Bernard Shaw: "Existen dos tragedias en la vida. Una consiste en el debilitamiento de los deseos del corazón. La otra consiste en la recuperación de esos mismos deseos." Cuando Buda se convirtió en un iluminado, advirtió que parte de la naturaleza humana se inclina a desear y sufrir no sólo por lo que no tenemos, sino también por lo que tenemos, pues cuando lo tenemos tememos perderlo.

¿Qué le gusta hacer? Si no tuviera dinero, ¿dejaría de hacerlo? ¡Claro que no! Ya encontraría la forma de darle la vuelta al problema. Si ganara la lotería, ¿dejaría de hacer lo que le gusta? Claro que no. Siendo así, resulta que el dinero termina siendo un factor secundario.

Por último, recordemos que el futuro es sólo una idea. La experiencia vive en el momento presente. Si lo piensa bien, se dará cuenta de que "lo maravilloso" sólo puede existir en el presente. Hay mucho de mito e ignorancia cuando se habla de dinero; evite hacer caso a los consejos de los demás. *Olvide todo lo que le enseñaron sobre el dinero en la infancia y forme una concepción autónoma que esté respaldada sólo por su experiencia.*

Ejercicio

Primera parte:

Haga una lista de todos los temores que se disparan cuando piensa en cuestiones de dinero y examine los monstruos que se alimentan de este concepto. El dinero puede ser el disfraz ideal de algunos monstruos de la inercia, de la lógica, de la libertad, de las relaciones o de los eternos.

Segunda parte:

Escriba las cosas que convertirían su vida en algo maravilloso dividiéndolas en dos categorías: el presente y el futuro. Fíjese en las similitudes y diferencias que se presenten entre ambas listas.

Tercera parte:

Marque las cosas de ambas listas quc podrían corregirse o atenderse en este momento si usted contara con la motivación necesaria.

Capítulo 3

Los monstruos de la inercia

Los monstruos de la inercia son como la mala hierba: comunes y prolíficos. Si no tenemos cuidado, la hierba invade todo jardín. Las acciones correctivas son siempre temporales. La clave está en ejercer una vigilancia constante. Los monstruos de la inercia, al igual que todo lo existente en la naturaleza, tienen un propósito determinado. Muchos creen que las raíces de ciertas hierbas tienen propiedades curativas. Los monstruos de la inercia también pueden ser buenos si se sabe lidiar con ellos. Se aparecen para indicar que debemos actuar. Si no lo hacemos, se establecen en nuestro inconsciente, engordando hasta terminar con nuestra energía. Entonces, cuando ya están bien establecidos, suelen ser fuente de muchos problemas.

Podemos definir la inercia como la incapacidad de moverse por sí mismo. No obstante, los monstruos de la inercia tienen la capacidad de movernos, siempre y cuando los abracemos. El pagar impuestos, limpiar la cochera, ejercitarse, terminar un trabajo importante…, todos tenemos una lista no muy corta que digamos. Podemos dilatar las acciones hasta lo indecible a pesar de que conocemos la gran satisfacción que se experimenta al realizar esas tareas dejadas de lado.

Es probable que los monstruos de la inercia sean una forma de rebelión parecida a la infantil, o una expresión del perfeccionista que vive en nosotros. Muchas personas son adictas a la adrenalina generada por la proximidad de una fecha de entrega y no parecen capaces de vivir sin prisas. No hay duda de que la habilidad para priorizar, la disciplina y la alegría del trabajo paulatino llegan con la práctica. A fin de cuentas, la única salida a casi todos los problemas de inercia consiste en hacer las cosas al momento, pero el mundo de los adultos nos permite diferir el cumplimiento de promesas y obligaciones con múltiples pretextos, como por ejemplo, el análisis excesivo, la falta de tiempo, la pseudoseguridad, etc. Los siguientes ejercicios le ayudarán a superar las sensaciones de aburrimiento y rutina que tanto mal pueden llegar a hacernos.

Ejercicio 1. Vaya al trabajo con una nueva actitud
Monstruo: La rutina

Nuestra vida debe ser como la música: nuestras rutinas y rituales son como la línea melódica que provee el tema y la estructura destruyendo el caos. El café y el periódico matutinos constituyen un ritual que señala el inicio del día para mucha gente. ¿Puede distinguir usted entre sus rutinas y sus hábitos? La atención es pieza clave en este proceso de reconocimiento personal. ¿En qué momento se convierte en hábito inconsciente lo que antes fuera una rutina útil? Aunque yo nunca he tenido un trabajo formal, me las he arreglado para tejer rutinas que, si me descuido, se convierten en hábitos automáticos que anulan mi creatividad y el estímulo cotidiano. La voluntad de asumir riesgos está relacionada con el rompimiento de las rutinas que, al transformarse en hábitos, merman nuestra calidad de vida. Será más fácil que usted asuma riesgos positivamente cuando aprenda a romper con los pequeños patrones que, supuestamente, definen su vida cuando en realidad la estancan y someten.

Cómo ir al trabajo con una nueva actitud

No importa de qué medios se vale usted para ir al trabajo diariamente: debe alterar los procedimientos rutinarios, es decir, la ruta, el medio de transporte, la conversación que sostiene con otros pasajeros en el viaje y los pensamientos que lo acompañan en esos momentos casi siempre solitarios. Hágalo desde mañana mismo y continúe con ello toda la semana. ¿Qué sucederá si rompe la rutina durante un mes completo?

Si va al mismo lugar todos los días, hay muchas cosas que puede hacer para romper la rutina y despertar su ser dormido. Parecerá que esta idea es simple, pero sus efectos no lo son tanto. ¿Cuántas maneras distintas de ir al trabajo existen? He aquí algunos ejemplos: con el radio encendido o apagado, escuchando cintas, en transporte público, en auto, por caminos alternos, con traje, sin traje, directa e indirectamente. ¿Suele tomar café antes de salir? Trate con el té, el jugo de naranja o el agua mineral. Salga de casa antes de la hora habitual y descubra los cafetines cercanos al lugar de trabajo. Compre un periódico distinto. Piense en el número de rutinas que se aferran a nuestra vida mientras conducimos el auto y combátalas. ¿Cuántas rutas existen para llegar al supermercado o a la casa de un amigo? ¿Al club? ¿Se le ha ocurrido ir en bicicleta, a pie, en moto o en patines en lugar de usar el coche? Usted no se dará cuenta de lo importante que es romper con estas rutinas intrascendentes hasta que descubra la vitalidad generada por estos pequeños actos creativos.

La cuestión es que si uno no arriesga nada, termina arriesgando más.

Erica Jong

Ejercicio 2. Escale cualquier montaña

Monstruo: La inmovilidad

La primera montaña que escalé en mi vida fue el famoso Matterhorn, en los Alpes suizos. Aunque su ascenso requiere de cierto grado de conocimiento técnico, resulta que la escalada es relativamente sencilla para los montañistas experimentados. Para un principiante como yo, se trataba de una gran aventura. Antes de iniciar, mis guías sonrieron al ver mis botas nuevas y relucientes. Me advirtieron sobre los inconvenientes resultantes de no haberlas aflojado antes, pero no les hice el menor caso. Estaba demasiado ansioso por subir a la cumbre. Durante el ascenso, mis pies se llenaron de ampollas. Caí varias veces y, aunque estaba atado a una cuerda, la sensación fue aterradora. A pesar del dolor y gracias al aliento constante de mis guías, mi resistencia pagó cuando, estando cerca del punto más alto, me recargué en la montaña para observar los Alpes en toda su majestuosidad. Escuché atentamente. Descubrí una cualidad casi mística en la absoluta quietud y el silencio que me rodeaba. Todo era puro y pleno. Sólo entonces comprendí la pasión que domina a los montañistas que arriesgan tanto con tal de gozar aquello.

La mayoría de mis aventuras comenzaron con el deseo de vivir una nueva experiencia. Hay muchas maneras de escalar. Quizás su manera de escalar sea subirse a la montaña rusa que tanto teme. Ese también puede ser un ascenso si consideramos que el concepto "escalar" funciona como una metáfora relacionada con el rompimiento de la comodidad estática. Escalar equivale a superar los miedos y emprender lo nuevo. En sentido literal, escalar equivale a quitar las telarañas del cuerpo y la mente, estirar los músculos y fortalecer el carácter. Pero volvamos al sentido metafórico.

Escalar significa avanzar hacia una meta difícil de alcanzar, casi inaccesible, ir hacia lo desconocido, hacia un punto que ni siquiera podemos ver. Los que gustan de escalar rocas sólo se fijan en el siguiente punto de apoyo. Los montañistas experimentados se engañan constantemente creyendo que el siguiente pico es la cúspide. Si las falsas cumbres son tomadas como verdaderas, la seguridad y/o el éxito se ven amenazados ya que, psicológicamente, el hecho de pensar que el final está cerca nos hace relajar prematuramente. Lo mismo sucede en todos los ámbitos de la vida: las cúspides no suelen serlo en realidad. Cuando abrazamos monstruos asumiendo los riesgos, obtenemos la energía para superar esa falsa cumbre y continuar en pos de otra más alta.

Cuando nos sentimos deprimidos, aislados o atemorizados, es difícil encontrar la fuerza necesaria para escalar. Es indudable que las situaciones difíciles como el endeudamiento, el fracaso, la desilusión, forman parte de la vida. En esos trances, es importante no estar deprimido o atemorizado, sino saber cómo escalar. ¿Cómo se aprende a escalar? Realizando los siguientes ejercicios.

Cómo escalar cualquier montaña

Primera opción: Escale una montaña.
Si usted vive cerca de las montañas, el procedimiento es obvio. Dedique un día a una colina o montaña. No me refiero al tipo de montaña que presenta dificultades técnicas o que hace necesario el entrenamiento o la compra de equipo especial. Piense en la ropa y equipo que necesitará, en las provisiones y demás implementos.

Segunda opción: Escale el edificio más alto.

Para los habitantes de las ciudades, el ejercicio resulta más simple todavía. Localice el edificio más alto de la ciudad y propóngase llegar al último piso por las escaleras. Convierta la experiencia en una aventura. Prepare su almuerzo. Vaya con un amigo. Tome el tiempo que le lleva llegar a lo alto. Trate de volver a hacerlo rompiendo su marca personal.

Tercera opción: Escale un árbol.

¿Vive en los suburbios? Vaya a un parque, bosque o parque nacional. Analice los árboles y encuentre uno especial que desee escalar. Tome en serio este sencillo ejercicio y prepárese planeando, disponiendo y escogiendo una fecha. Piense en lo alto del árbol y suba. No importa qué escale usted; lo principal es que en la actividad se fundan la mente, el corazón y el cuerpo. Imagine que al ascender se acerca a sus sueños con cada paso, con cada movimiento. Deténgase a medio camino y medite sobre lo lejos que ha llegado. Felicítese por haber roto la inmovilidad gracias a su esfuerzo. Cuando llegue a lo alto, disfrute de la vista. Al descender pregúntese qué parte de la aventura fue mejor: los preparativos, el ascenso, la llegada o el descenso. Verá que todas estas etapas le proporcionan un placer único e indivisible.

Ejercicio 3. Una semana sin televisión
Monstruo: La pérdida de tiempo

El periódico *Detroit Free Press,* como parte de una investigación de campo, pagó a la gente para que dejara de ver la televisión. Al poco tiempo, los más honrados regresaron los cheques al no ser capaces de cumplir con su compromiso. ¿Qué pasaría si la televisión no estuviera ahí para hipnotizarnos, entretenernos y apaciguarnos? ¿Se imagina las ideas o conversaciones que verían la luz? ¿Los libros o revistas que leería? Los hábitos sociales aceptados por la generalidad son los más nocivos. Recuerde que siempre es sano cuestionar lo que hacemos. Una semana sin televisión puede convertirse en fuente de descubrimientos, estímulos, intereses y anhelos.

Cómo pasar una semana entera sin ver televisión

Primera parte: Planeación.
Si usted es adicto a la televisión, deberá de prepararse para este ejercicio. Calcule el número de horas que mira televisión en una semana. Planee actividades a realizar en sustitución.
Segunda parte: Desconéctela.
Desconecte también la radio. Lea el periódico. Emprenda un proyecto (seguro que hay algo que ha estado posponiendo últimamente). Medite sobre qué obtiene a cambio de las muchas horas pasadas frente al televisor. ¿Mejorarían

sus hábitos alimenticios sin el constante bombardeo publicitario a que somos sometidos por este medio? ¿Mejorarían sus relaciones? ¿Cambiaría la disposición de sus muebles sin la cajita luminosa?

Ejercicio 4. Hágalo ahora mismo
Monstruo: La dilación

En los Himalaya existe un pequeño lugar llamado Hunza. Sus habitantes han vivido en gran aislamiento y, por lo tanto, no han estado expuestos a las enfermedades, guerras y crímenes de la civilización moderna. Las personas son saludables y el promedio de vida supera los 100 años de edad. Tan pronto como me enteré de un lugar así, me propuse visitarlo. Me tomó 10 años llegar. Obviamente, no se llega a Hunza por medios convencionales. La gente me advirtió que no obtendría el permiso necesario para viajar a ese lugar, pero mi insistencia se convirtió en buena suerte. La revista *Geo* me comisionó para elaborar un reportaje, lo cuál incrementó mi entusiasmo pero no los trámites para obtener una visa pakistaní. Decidí emprender la aventura como fuera y volé a Islamabad, la capital de Pakistán. En la oficina gubernamental de información, conocí a un ex jugador de cricket que simpatizó con mi propósito. Hicimos un trato: yo le diseñé un programa de ejercicios personalizado y el me otorgó el permiso necesario para visitar Hunza.

La mayoría de las personas estarán de acuerdo en que la filosofía de la acción inmediata es eficiente, pero, al igual que sucede con muchos de los ejercicios para abrazar monstruos, hay veces en que la opinión de la mayoría y su consejo no basta. Si no contamos con una motivación personal, nuestros intentos perderán seriedad y será fácil justificar los retrasos. Solemos olvidar que esas actividades que por múltiples razones retrasamos, suelen contener descubrimientos relevantes. Es necesario desarmar al monstruo de la inercia, con o sin la aprobación de la mayoría de las personas ante quienes nos justificamos con o sin causa válida.

Usted deberá sondear en la inercia para descubrir las razones de su inmovilidad. ¿Retrasa usted la realización de sus proyectos debido al perfeccionismo? ¿Espera el momento ideal para hacerlo y éste nunca llega? Ese momento no llegará. Créame que no existe una ocasión perfecta para nada. Si usted tiene una personalidad rebelde, es probable que los retrasos sean consecuencia de ella. ¿Ante qué autoridad se rebela? Si es indeciso, el monstruo de la lógica (el análisis excesivo) puede estarlo deteniendo al justificar su retraso. En última instancia, la motivación genuina logrará aniquilar a este monstruo de la inercia. Los escritores tenemos un sistema especial porque, en nuestro caso, el inicio de una tarea literaria equivale a la mitad de su consecución: simplemente optamos por reducir nuestros estándares de calidad *temporalmente y comenzamos como sea.* Funciona. Finalmente, le aconsejo que se fije una jugosa recompensa.

Ejercicio 5. Rompa con la adicción
Monstruo: Falsa seguridad

Carl Jung escribió: "Toda forma de adicción es mala, sin importar que el narcótico se llame alcohol, morfina o idealismo." Dependiendo del grado en que seamos adictos a algo, perdemos libertad. Nuestras opciones se reducen si pensamos que no podemos vivir felices sin cualquier cosa. Ser libre significa también ser libre de adicciones —elementos que tienen el poder de hacernos actuar, aparentemente, en contra de nuestra voluntad. Mis metas como nadador facilitaron el que dejara a un lado mi tabaquismo. Mientras más nadaba, menos necesitaba un cigarro. Paulatinamente me convertí en abstemio.

Para nuestros propósitos, los hábitos y las adicciones son temas muy similares. Los expertos en el comportamiento humano sugieren que la mejor manera de romper con un hábito no deseado es sustituirlo por uno nuevo. También se ha dicho que son necesarios al menos 30 días para integrar una nueva conducta a nuestra vida. La acción correctiva requiere de tiempo para integrarse al patrón conductual. Antes de que esto suceda, las alarmas de nuestras zonas de comodidad suenan para avisarnos que algo no está bien. En este sentido, nuestras adicciones proporcionan una falsa sensación de seguridad porque son familiares. Abrazar monstruos significa pasar por alto estas alarmas y salirnos de la comodidad cotidiana.

En otras palabras, la concentración prolongada de nuestra atención y la poca capacidad de resistir la incomodidad, son factores trascendentes. En los programas de tipo AA, la resistencia del individuo se limita a un día, nunca más. Parece funcionar. Lo mejor de todo es que el éxito de este tipo de programas demuestra que la naturaleza humana se inclina a la recuperación cuando se lo permitimos, siempre y cuando optemos por no interferir con el proceso natural.

Cómo romper con una adicción

Primera parte: Escriba todas sus adicciones.
Expanda la definición de adicción a cualquier cosa que haga compulsivamente. No racionalice. Si no está seguro, agregue la cuestión a la lista y piénselo luego. ¿Por qué pensó en ello? Si la simple idea de dejar a un lado algo le hizo sentir ansioso, inseguro o temeroso, podemos hablar de una adicción. Este sencillo razonamiento puede ser el punto de partida de años de trabajo interesante. Está bien. Entre los principales candidatos a entrar en la lista, contamos a las drogas, la comida, la bebida, la televisión, el morderse las uñas, las telecomedias y demás. También debemos tomar en cuenta las conductas compulsivas como no soportar una basurita en el escritorio o su apariencia física.

Segunda parte: Obtenga una segunda opinión.
Pida a alguien que conozca bien que le indique toda conducta que parezca un hábito, compulsión o adicción negativa. Si lo desea, puede pedir lo mismo a varias personas. Pida a alguien confiable que sea su entrenador en la tarea de abrazar monstruos. Su labor será animarlo, obligarlo a poner fechas, hacer preguntas difíciles y reconocer su progreso.
Tercera parte: Propóngase eliminar una adicción.
Aplique el método de los cinco pasos. Además de leer sobre el tema que ataña a su adicción, puede conversar con alguien que la haya eliminado de su vida. Podría asistir a las sesiones de los grupos tipo AA y preguntar por un grupo de autoayuda que se dedique a la adicción que le preocupa. Su capacidad para liberarse de la adicción se desarrollará poco a poco hasta convertirse en una importante victoria. Por ejemplo, sustituya su café matutino con un té de hierbas cada tercer día. ¿Necesita bajar 10 kilos? Tendrá éxito si, en principio, se conforma con bajar cinco solamente. Si está obsesionado por su apariencia, vaya de compras sin peinarse a cada momento o sin retocar el maquillaje. (Esto es mucho más fácil que ir al trabajo sin maquillaje). Libérese de la presión inmediata al proponerse cumplir sólo un día a la vez; visualice el "nuevo yo" después de cada día exitoso.

Si puede dejar una adicción, podrá dejar dos, tres, o las que sea necesario. Sea paciente. El proceso es el mismo en todos los casos. ¡Usted puede hacerlo!

Debemos hacer las cosas que no creemos poder hacer.

Eleanor Roosevelt

Ejercicio 6. La vida es deliciosa
Monstruo: Falta de curiosidad

Me gusta la comida de los países extranjeros. Comer lo que come la gente de la localidad en que me encuentro es una de las grandes experiencias de los viajes. Afortunadamente, la globalización jamás podrá destruir la singularidad y variedad de las dietas que encontramos en las culturas que pueblan el mundo. He gozado de los caracoles en Francia, del goulash húngaro, del cocodrilo del Nilo, de los seis platillos que se ofrecen en una cena marroquí, etc. En un día de año nuevo que pasé en la ciudad de Benares, India, bebí *chai* (té), preparado y servido por un santón que vivía en una cueva hermosa y pequeña cerca del río Ganges. Lo vi hervir el agua en una vieja olla y luego mezclar el té negro, la leche, el azúcar, el clavo, la canela y otras especias. Me preocupaba aceptar su hospitalidad porque el agua en la India es peligrosa. Estaba sentado junto a él en la cueva apenas iluminada; sabía que el agua estaba hervida, pues yo mismo había atestiguado el hecho. Era el último día del año y debíamos brindar. Dudoso, tome el primer sorbo de la taza por él ofrecida. Mis temores eran innecesarios. Resultó ser el mejor y más delicioso *chai* que probé en mis seis meses de estancia en la India.

Aprender es divertido. Obviamente, el sentimiento de la curiosidad puede desarrollarse como cualquier otro. La comida, siendo una necesidad universal, es un tema estupendo para comenzar. Es probable que su curiosidad en general despierte tras la realización del siguiente ejercicio.

Cómo darse cuenta de que la vida es deliciosa

La fiesta temática.
Organice una cena para su familia y amigos. Seleccione un país que funcione como tema central de la celebración. Todos los asistentes deben tener tareas asignadas para asegurar su participación. Investiguen sobre la comida, bebidas, indumentaria, música, decoración, lenguaje y accesorios, como por ejemplo los instrumentos para comer, etc. Elija un periodo histórico determinado. Con un poco de investigación, podrá dejar el presente y visitar el pasado, emulando los banquetes que se ofrecieron en el castillo del rey Enrique VIII.

La idea principal consiste en expresar todo lo que pueda sobre la cultura de un país. Desde las invitaciones hasta las servilletas, pasando por la conversación misma, deben estar involucrados con la cultura elegida. Asegúrese de fijar la fecha para el festejo, pues en caso contrario, el proyecto de investigación se convertirá en un cúmulo de buenas intenciones y nada más.

Ejercicio 7. Sorpréndase
Monstruo: La rigidez

"Cuando te encuentres en el Nilo compórtate como los nubios." Esta frase fue mi pasaporte para vivir una experiencia gastronómica memorable. Me condujo hasta una choza fabricada con lodo en la que mis seis acompañantes nubios compartieron su comida conmigo. El contacto con otras culturas es una experiencia fascinante. No sólo elimina nuestras zonas de comodidad, sino que también cuestiona nuestro equilibrio personal. En Turquía, el movimiento de cabeza que en occidente significa sí, denota negación. En muchos lugares se acostumbra comer exclusivamente con la mano derecha —India, Marruecos, Tíbet y Nepal, por mencionar unos cuantos.

El rompimiento de los patrones cotidianos nos lleva a descubrir aspectos de la vida en que nos encontramos atascados, debido a nuestro afán por considerar "correctas" ciertas formas de acción e "incorrectas" otras que no nos son familiares. Al cambiar ciertas concepciones, nuestro sistema nervioso se confunde. Cuando estos cambios en nuestra vida se llegan a hacer cotidianos, descubrimos una insaciable curiosidad y pasión por la vida. Lo que al principio es una rutina productiva o una conveniencia más, como por ejemplo comprar en la tienda más cercana, impone a nuestro mundo límites estrechos. Recuerde que nada hay más divertido que sorprendernos. Ya lo dijo

Oscar Wilde: "La consistencia es el último refugio de las personas poco imaginativas."

Cómo sorprenderse

Haga lo que haga, hágalo de manera distinta. Conviértase en su contrario durante un día y sorpréndase de lo mucho que puede haberse acostumbrado a ser como es sin tomar en cuenta otras opciones. Si necesita ayuda para imaginarse esto, pídasela a un adolescente. ¡Tienen grandes dotes para llevar la contraria! A continuación le presento algunos ejemplos sencillos, pero no olvide que usted mismo debe encontrar las actividades que más se ajusten a sus rutinas y hábitos diarios. Cambie su principal mano activa —si es derecho, conviértase en zurdo por un día. Use el reloj en la muñeca opuesta y fíjese en cuántas veces se descubre mirando la muñeca desnuda al averiguar la hora. Duerma en el otro lado de la cama. Escriba, conteste el teléfono, péinese y lávese los dientes de manera opuesta a sus costumbres cotidianas.

(Ahora le presento una opción que podrá poner en práctica en este momento. Cruce los brazos. Sin mirarlos o pensar en ellos, vuelva a cruzarlos poniendo el brazo opuesto en la parte superior.)

Cuando ya se haya hecho a la idea, deberá ser imaginativo. Despídase en lugar de saludar. Comience sus comidas por el postre. Coma en platos de cartón. Deje de utilizar el horno de microondas. Tome té en lugar de café.

Si vive en la parte norte de la ciudad, realice sus compras en una tienda de la zona sur. Si puede, duerma durante el día y trabaje toda la noche. Si suele despertar a las 7:15 A.M., levántese a las 5:15 A.M. Si usa corbata, deje de hacerlo. Escuche rap en lugar de música clásica. Pague en efectivo. Si normalmente es tímido, trate de conversar con extraños. Relájese y cambie aunque sea por un día. Puede estar seguro de que se sorprenderá ante las nuevas perspectivas.

Ejercicio 8. Pida ayuda

Monstruo: El falso orgullo

Solía pensar que debía hacer todo yo mismo hasta que aprendí la lección contenida en este ejercicio. Me di cuenta de que, sin importar el rol que desempeñara (padre, aventurero, orador corporativo o viajero), crecía por el solo hecho de pedir ayuda y consejo. Los nuevos amigos, nuevas habilidades, perspectivas y conversaciones, son unos cuantos ejemplos de lo que se consigue dejando a un lado el orgullo para formar equipo. Puede lograrse mucho más trabajando en equipo. Para mejorar mis habilidades oratorias, he tenido que despojarme constantemente de mi ego, solicitando a otros oradores, clientes y expertos en el tema su crítica constructiva.

Nuestros egos son muy sensibles. Para muchos de nosotros es angustiante el tener que pedir ayuda, especialmente si desempeñamos el papel de padres, expertos o jefes y creemos que debemos conocer todas las respuestas al momento. La popular frase, "Finge hasta lograrlo" funciona en algunas situaciones, pero no en todas. El fingir puede costar mucho a usted, a su familia o a su compañía.

Estamos hablando de una actitud, de un estado mental en que usted se abre a lo que el mundo puede ofrecerle. Estamos hablando del deseo de escuchar y aprender. A veces se trata de una petición directa de ayuda, pero hay otras ocasiones en que la ayuda está a la mano, disponible y en tiempo para solucionar los conflictos con poco esfuerzo. Pedir ayuda es una estupenda manera de vivir, ya que nos libera de la ilusión consistente en que los demás existen para sí mismos. Al pedir ayuda conseguimos tener un estado de ánimo optimista casi todo el tiempo, pues confiamos en los demás. ¿A quién le agradan los supuestos sabelotodo? A nadie. Cuando uno adopta la actitud correcta, la gente responder con calidez, sonrisas y buena voluntad, pues al pedir ayuda admitimos que no siempre conocemos las respuestas.

Cómo pedir ayuda

Primera parte: Los pequeños detalles.
Durante una semana, sin importar lo que tenga que hacer, dígase a sí mismo: "¿Cómo podría mejorar esto?" o "¿Cómo podría resolver este problema si pidiera ayuda?" Aunque se trate de algo relativo a su área de especialización, permanezca abierto a las nuevas ideas y a la ayuda de otras personas. Tome nota de lo sucedido. Sea creativo

y generoso con los agradecimientos para que los demás sientan que su consejo fue de utilidad. Mande una postal, déjeles un recadito de agradecimiento en su escritorio u obséquieles un chocolate, por ejemplo. "Por favor" y "gracias" son conceptos maravillosos.

Segunda parte: Lo importante.

Propóngase solicitar ayuda tres veces al día durante una semana. Ponga atención a lo que sucede en su cuerpo, en su cabeza y en su corazón. ¿Qué siente? En la primera parte, pidió apoyo en lo referente a los pequeños proyectos. Ahora es el momento oportuno para pedir ayuda sobre cuestiones y temores más importantes. ¿Tiene miedo a viajar en avión? ¿Teme pedir un aumento a su superior? ¿Odia la idea de enfrentar a su vecino para decirle que evite que su perro haga sus necesidades en su jardín? En lugar de ponerse a la defensiva, pida apoyo. Tome nota de los cambios en sus relaciones personales, de los nuevos amigos y nuevas perspectivas que obtiene con dicho proceso. Finalmente, prométase que integrará esta actitud abierta y positiva a cada aspecto de su vida. La gente que le rodea se preguntará qué ha sucedido en su interior y le sonreirá con mayor frecuencia.

Capítulo 4

Los monstruos de la lógica

Los monstruos de la lógica hacen mucho ruido desagradable. Gritan y susurran advertencias como, "¡No puedes hacerlo!" o nos reprimen con ideas como, "Hay personas mucho más creativas que tú. Deja que ellos se encarguen de los principales conceptos del proyecto." Se conocen por su tendencia a aparecer intempestivamente frente a nosotros y regañarnos por pretender tomar la iniciativa. No creen en el juego, en la expresión personal ni en la intuición. Se trata de pequeñas criaturas que se especializan en la "realidad", definiendo así lo que usted puede ver, tocar, gustar, escuchar y oler. Viven en su cabeza, tienen poco contacto con los sentimientos de su corazón y obtienen la mayoría de su poder del *pensamiento.* Increpan a los que vencen las probabilidades en su contra al tomar riesgos y prefieren construir bardas a trazar nuevos caminos. A veces son duros con el dinero y les gusta conversar sobre las malas noticias del día. Les gusta seguir las reglas inventadas por otros. Se inclinan ante el altar de la autoridad ajena y se incomodan en exceso al ser interrogados.

Para enfrentar a sus monstruos de la lógica, sólo hágales dos de las preguntas más importantes que existen en el mundo: "¿Por qué?" y "¿Por qué no?" La lógica está conformada por procesos lineales, pero no todos los aspectos de la vida pueden ajustarse a estos sistemas o fórmulas preconcebidas, por más que nos afanemos. Los monstruos de la lógica deben ser abrazados. Al igual que todos los demás monstruos, viven para recibir su abrazo.

Al llegar a la edad adulta, nuestra creatividad y sentido del juego quedan enterrados en lo más profundo de nuestro ser. Consecuentemente, adoptamos una imagen de nuestra persona que no es capaz de realizar actividades artísticas, inventivas o expresivas. Conforme pasa el tiempo nos acostumbramos a dicha identidad y, cuando actuamos en desacuerdo con ella, sentimos que el riesgo es excesivo. Si las cosas llegan al extremo, evitamos divertirnos. Estos ejercicios pretenden ponerle en contacto con el aspecto menos grave de la vida, lo cuál permitirá revivir al visionario que puede escribir, pintar, cantar, esculpir, bailar, contar historias, actuar con base en la intuición y amar incondicionalmente. Los actos creativos genuinos proporcionan una aliento de vida al ser humano y pueden llegar a salvarnos. Al abrazar los monstruos de la inercia, romperemos con la inmovilidad, pero para ser abiertos y flexibles en nuestro camino, necesitamos abrazar a los monstruos de la lógica siempre que tengamos la oportunidad de hacerlo.

Durante la década de los ochenta se escribió mucho sobre las modalidades conductuales que responden a los hemisferios izquierdo y derecho del cerebro. El hemisferio derecho del cerebro nos ofrece creatividad e imaginación; el hemisferio izquierdo es el hogar de la lógica y el orden. Aunque esta división es un tanto simplista, podemos considerarla como verdadera. Por lo tanto, los monstruos de la lógica son criaturas afectas al hemisferio izquierdo que nos invaden cuando no usamos la imaginación o, peor aún, cuando creemos no tenerla. Nos convencen de que la realidad está definida solamente por lo que podemos probar racionalmente. Creen conocer nuestro *hechos.* Casi nunca asumen riesgos. Pocas veces juegan o se divierten. Tampoco les gusta romper los patrones cotidianos y prefieren la seguridad a la alegría y la emoción plena.

Si usted sólo cree en lo que puede ver, tocar, escuchar, gustar o medir, entonces es víctima de lo que Deepak Chopra llama "el mito del materialismo racional", un sistema de creencias que propende al método científico sin reconocer el misterio o alegría de la experiencia humana. Algunos de los más sublimes estados del ser son imposibles de describir, por no hablar de las pruebas materiales. El amor es una emoción conjunta. La paz es un estado de equilibrio y descanso para el alma. La belleza es una resonancia de la virtud. La verdad es el reconocimiento de lo que es. ¿Comprenden lo que intento expresar? Ninguno de estas preciosas palabras y estados del ser pueden ser medidos, probados o definidos de manera satisfactoria. Son experiencias.

Los monstruos de la lógica se presentan cuando nuestros egos entran en conflicto con el espíritu, cuando preferimos defendernos a admitir que estamos equivocados. Si ponemos atención, el simple hecho de abrazarlos produce la maravillosa sensación de estar vivos. Si existiera una sola frase que resumiera la naturaleza de estos ejercicios, ésta sería: *¡Crezca y diviértase!*

Ejercicio 9. Abracadabra; ¡Magia!
Monstruo: Las ilusiones

En el exterior de un templo de la ciudad de Nueva Delhi, conocí a un hombre que alegaba poder predecir mi futuro. Su oferta no me resultaba particularmente atractiva, pero me hizo detener la marcha cuando dijo que había escrito el nombre de mi padre en un pedazo de papel y me lo mostraría a cambio de unas monedas. Me sentí fascinado. Dado que el nombre de mi padre era poco común, Seymour, acepté la prueba y, aunque pareciera increíble, el nombre de mi padre estaba escrito en ese papel. De inmediato le pregunté a mi esposa y a un amigo hindú: "¡Hey! ¿Le dijeron a esta persona cuál era el nombre de mi padre?" Cuando respondieron negativamente, tuve que aceptar la validez del hecho. En verdad creí que el hombre había leído mi mente.

Unos cuantos años después, conocí al sorprendente Randi, un mago profesional que me explicó los secretos del truco. Según él, el hombre había puesto una pequeña punta de lápiz en la uña de su dedo, escribiendo rápidamente la palabra Seymour en el momento en que yo debería verificar la veracidad de lo escrito. Había distraído mi atención para escribir sin que me percatara del movimiento. La emoción producida por la posibilidad de que alguien leyera mi mente se convirtió en respeto por el truco y el mago. Todavía no conozco la verdad, pero al aprender que el reto puede lograrse sin poderes psíquicos me pareció un descubrimiento importante. Deseaba considerar todas las posibilidades.

La verdad y la ilusión están íntimamente relacionadas con el abrazar a los monstruos que tememos. No solemos obtener lo que vemos y viceversa. Las supersticiones pueden proporcionar cierta sensación de seguridad, pero también pueden evitar que usted viva una vida plena. Para acercarnos a la verdad tenemos que escrutar las ilusiones y desechar las creencias que nos limitan innecesariamente. No se preocupe. La vida misma está llena de magia. Usted no entrará en bancarrota emocional por cuestionar las ilusiones con que ha vivido. Más aún; tendrá la oportunidad de conocer, obteniendo confianza por los hechos descubiertos. También podrá vivir emociones indescriptibles.

Cómo lograr la magia

Primera parte: Aprenda un truco de magia.
Vaya a una tienda en que vendan artefactos para trucos de magia y adquiera tres. Practique hasta realizarlos sin fallas ante sus amigos, familia y colegas. Siempre dispondrá de estos trucos para animar una fiesta. Deje que el truco se convierta en una metáfora del poder de la ilusión. No tema. Usted puede ser el artífice de las ilusiones.
Segunda parte: Identifique y ponga a prueba las creencias y supersticiones que conforman su vida.
Seleccione una idea importante para usted e investigue sobre su verdadera naturaleza. La expansión interior llega con el crecimiento, pero para crecer debemos identificar las ilusiones con que vivimos. La física cuántica nos recuerda que el mundo percibido por medio de nuestros sentidos es muy limitado y que la materia sólida está conformada también por espacio y energía. ¿Qué y quienes son las autoridades que rigen su vida? ¿Qué creencias personales podrían ser puestas en tela de juicio? Solemos hablar de las preguntas sin respuesta, pero olvidamos las respuestas sin pregunta. Distinga entre lo que se basa en la experiencia y lo que depende de la fe. Por ejemplo, cuestione los amuletos que usa o el vestido o camisa de la suerte. Cuestione sus ideas sobre el dinero, la virtud o la religión.

Ejercicio 10. Sea un animal

Monstruo: La arrogancia

Si damos crédito a las versiones de los antropólogos, el movimiento bípedo de alta velocidad —la carrera— comenzó en África del este. Yo quería experimentar las sensaciones de los primeros hombres que cazaban y eran cazados en esta tierra antigua y majestuosa. Al igual que en cualquier otra aventura, investigué sobre la gente, la cultura y el medio físico. En este caso, también me documenté sobre los animales que viven en esos parajes. Después, en una reunión con Joy Adamson, autora del libro *Born Free*, supe que debería desarrollar cierta empatía con los animales de presa que podrían acecharme. Sin duda, fui arrogante porque creí comprender la advertencia de esta mujer cuando la realidad era muy distinta.

Al comenzar mi solitaria carrera pretendiendo ser el primer hombre en hacerlo, me di cuenta de que corría en un zoológico sin jaulas. El vehículo que me había llevado al sitio había regresado al campamento, localizado a cuatro millas de distancia. Piense en un animal carnívoro y le aseguro que estaba rondando por ahí: leones, leopardos, chitas. También había animales herbívoros de gran tamaño y poder: búfalos, elefantes, rinocerontes. Sentí el terror que se produce cuando la vida está en peligro. Al buscar una alternativa segura por si se presentaba una urgencia, pensé, "Subiré a un árbol". "Los felinos también lo harán", me respondí de inmediato. "Nadaré por el río", decidí al ver el río que llegaba hasta las cercanías del campamento. Entonces vi a docenas de cocodrilos que se asoleaban tranquilamente en la ribera y a varios hipopótamos que se bañaban en aquellas aguas. El río no representaba una opción segura. Una manada de gacelas o antílopes corría transversalmente hacia mí. "¿Las estará persiguiendo algún depredador?" Vi algunos mandriles a 200 metros, frente a mí. Caminaban lentamente en dirección a los arbustos. Recordé que, en grupo, pueden destrozar a un león con sus afilados dientes. Tenía serios problemas.

El sudor corría por todo mi cuerpo. Me pregunté si los mandriles podrían percibir mi miedo. Recordé la advertencia que mi madre me hizo cuando tenía unos seis años: "Los perros perciben tu miedo. No dejes que lo detecten." Reduje la velocidad de mi carrera y pretendí estar tranquilo esperando engañarlos. La ridícula situación me hizo reírme de mí mismo, lo cuál me devolvió el sentido del humor. Me relajé y analicé la información que me rodeaba desde una perspectiva nueva. Los mandriles me observaron desde los arbustos. Ya no pensaba en los temibles depredadores, sino en la curiosidad que mi presencia despertaba en ellos. Yo era un visitante en su tierra y, por suerte, ellos me permitieron completar la visita sin daño alguno. Terminé la carrera con un enorme respeto por aquel Primer Hombre.

El ser arrogante significa posicionarse en lo alto, apoyados en un sentimiento de superioridad, mirando a los que nos rodean y al mundo con cierto desdén. La empatía con los seres que nos rodean es un sistema ideal para superar esa ilusión jerárquica. Al pensar como los animales con que compartimos el mundo, adquirimos una sabiduría que se extiende a todos los seres. Es probable que los mandriles se hayan burlado de mí. ¿Quién puede asegurar lo contrario? El caso es que la naturaleza puede convertirse en paciente maestra si nos tomamos la molestia de escucharla atentamente.

Cómo ser un animal

Primera parte: Conviértase en su mascota favorita.
Si su contacto con animales se limita a los gatos, perros y hamsters, no hay problema. Acuéstese en el suelo o súbase al respaldo del sofá para imaginar la perspectiva de su gato. Los sentidos del oído y el olfato de su perro son mucho más sensibles que los suyos. ¿Qué olores y sonidos llaman su atención si imagina que usted es su perro? ¿Qué aprendería si se pusiera a gatas para beber agua de un plato con su lengua? Piense en todas las criaturas con las que ha tenido contacto: tortugas, ranas, conejos, aves, ardillas, etc. Estudie su manera de caminar, dormir, comer, sentarse y correr. La naturaleza ha dotado a cada animal de todo lo necesario para interactuar con el mundo circundante. Observe la vida salvaje y pregúntese qué sentiría en caso de ser un animal.

Segunda parte: Elija un tótem.
De acuerdo con la tradición de los indios norteamericanos, quienes no perciban las cosas desde las Cuatro Grandes Perspectivas, serán sólo parcialmente humanos: El búfalo simboliza la sabiduría, el ratón representa a la inocencia y la confianza, el oso la introspección, el águila invita a la iluminación y al pensamiento visionario. En muchas culturas, determinados animales son sagrados y a cada niño se le asigna un tótem personal cuando llegan a la pubertad como símbolo del destino, protección, atributos y habilidades que el animal elegido proveerá. Imagine cuál sería su tótem personal: una jirafa, un puma, un elefante, etc. Escoja un animal con el que se sienta relacionado y aprenda todo sobre él. Durante una semana, deje que dicho animal se convierta en una especie de segunda visión que le permita ver la vida desde ángulos diversos.
Tercera parte: Póngase en los zapatos de otro durante un día.
Aplique lo aprendido en las primeras dos partes del ejercicio al mundo de sus relaciones humanas. ¿Cómo se manifiesta la arrogancia en nuestra vida familiar? ¿En el trabajo? Si puede imaginar qué se siente ser su socio, su asistente o su hijo, ¿logrará apreciar a estas personas de distinta manera? ¿Qué talentos o sabiduría poseen que puedan compartir con usted? Así se percatará de que cualquiera puede ser maestro y alumno simultáneamente; es probable que esa haya sido la intención de la naturaleza. No olvide que, desde esta perspectiva, la arrogancia equivale a la ignorancia.

Ejercicio 11. Su propio salón de la fama
Monstruo: Falta de inspiración

Las paredes de mi casa ostentan mis trofeos fotográficos; muestran instantes, personas y lugares muy significativos para mí. Muchas de las fotografías son testimonio de momentos y actos simples que me inspiran para vivir la vida al máximo sin dar nada por hecho, afirmando que en cualquier etapa, la vida es valiosa. Esta vida bien vale una o dos fotografías. La fotografía es creativa, rica y constituye un eslabón que nos une con las demás personas, con el ambiente, los animales y con pensamientos reveladores.

¿Qué hace grande a una fotografía? De acuerdo con mi experiencia, la clave no está en la técnica y la cámara, sino en un sentido de verdad capturado al momento desde atrás de la lente. El fotógrafo debe tener un propósito inspirado antes de accionar el obturador. Debe aislarse de la acción misma para ser completamente objetivo, lo cuál le permitirá figurarse la escena a través de la lente. Se requiere de mucha observación para realizar un buen acercamiento. No olvidemos que una fotografía constituye una intrusión momentánea en la vida de los demás, de las cosas y los lugares.

Cómo crear su propio salón de la fama

Primera parte: Hágalo por usted mismo.
Adorne un espacio de su casa con escenas de su propia vida. Lleve la cámara al trabajo, al mercado, a sus parques, ríos y lagos favoritos. Todo lugar alberga una historia o muestra un rostro interesante. Si usted fuera fotógrafo destacado como Richard Avedon, Annie Leibovitz o Ansel Adams, ¿qué vería en el mundo que hasta ahora no ha visto? Comience a ver el mundo como lo vería a través de una cámara. Capture momentos interesantes y bellos que desee enmarcar y exhibir.
Segunda parte: Hágalo por los demás.
Tome fotos y conviértalas en regalos para los miembros de la familia, amigos y colegas. Use las mejores 12 fotografías para crear un calendario. En estos días, muchos negocios dedicados a la venta de regalos o al procesamiento fotográfico ofrecen este servicio.

Siga el método de los cinco pasos necesarios para abrazar monstruos y así evitará retrasar el proyecto. Verá que muy pronto tendrá nuevas fuentes de inspiración y de reflexión. Partiendo de este sencillo ejercicio, su relación con el mundo entero cambiará para bien.

Eso es el aprendizaje. De pronto comprendemos algo que hemos entendido toda la vida, pero de manera distinta.

—Doris Lessing

Ejercicio 12. Manos a la obra
Monstruo: Apatía

Desde niño me involucré en todo tipo de deportes. Jamás se me ocurrió que la palabra *creativo* podría relacionarse con estas actividades. Aunque me mostraba original en algunos de mis proyectos escolares, no me reconocía o definía como una persona creativa. Creía que sólo los artistas o actores eran creativos. Por supuesto, crecí y cambié de opinión. La creatividad es parte esencial del ser humano. Mientras más me adentro en mi propia naturaleza creativa, más originales se tornan mis aventuras. Mi crecimiento interior se aceleró y la vida me ofreció nuevas posibilidades derivadas de la comprensión del acto creador. Pasaba incontables horas en el Museo de Arte Moderno de Nueva York. Tomé clases de pintura al óleo, de realización cinematográfica, de orfebrería, escultura en barro y tallado de madera. Tallé un garrote de combate que llevé a África para regalar a un guerrero masai, pero cuando vi sus garrotes sentí que mi creación era tan inferior que me avergoncé de ofrecerlo. (Desgraciadamente este es un ejemplo en que hice la investigación, desarrollé la habilidad, puse fecha, pero terminé por no abrazar al monstruo.)

Cuando negamos o ignoramos nuestro espíritu creador, pagamos un alto precio al afectar profundamente nuestra visión de lo que es posible realizar en la vida. Al no acudir a nuestra reserva creativa, tendemos a buscar las respuestas en las opiniones y experiencias de las demás personas. En lugar de buscar las soluciones por nosotros mismos, esperamos que alguien más tenga la autoridad para ello. Eventualmente dejamos de hacernos preguntas y, en consecuencia, nuestros deseos y espíritu aventurero mueren. La necesidad creativa es como el piloto que alimenta la flama de nuestro ser interno. No basta con pensar en una acción determinada. Tampoco interesa demasiado juzgar el resultado probable. ¿Qué importa que usted pueda no convertirse en millonario o estrella? ¿Qué importa que sus pinturas no ganen premios? Preocúpese por el proceso creativo, no por el resultado.

Cómo poner manos a la obra

Las instrucciones de este ejercicio son obvias y directas. Escoja una actividad que siempre haya deseado realizar y hágala. Recuerde los cinco pasos involucrados. Sea paciente, dedique tiempo a todas y cada una de las etapas necesarias y obtendrá el éxito.

Ejercicio 13. Siga el ejemplo

Monstruo: Las expectativas pobres

Uno de los individuos más singulares que han existido es Sir Richard Burton, un explorador inglés que vivió en el siglo XIX y que era el prototipo de lo que conocemos como hombre del Renacimiento. Aunque se le recuerda por haber conducido una heroica búsqueda de las fuentes del Nilo, sus logros son mucho más bastos e increíbles que ese famoso hecho. Fue escritor y geógrafo. Hablaba 23 idiomas y 56 dialectos. Tradujo al inglés *Las mil y una noches* y el *Kama Sutra.* En la India, se convirtió en brahaman. Se infiltró en una hermética cofradía de La Meca que rechazaba hasta el extremo a cualquier persona no musulmana. Aunque yo ya era aventurero cuando me enteré de su existencia por vez primera, su ejemplo me ha inspirado muchas veces. Es probable que sus viajes me hayan impulsado a remar por el Nilo y a conseguir el título de brahaman en la India.

Solemos seguir diversos ejemplos prototípicos durante la infancia para alimentar nuestra imaginación y definir nuestros valores, pero nunca es tarde para que nuestros héroes y heroínas nos nutran con su visión y llenen nuestra vida con su coraje. Algunas historias son legendarias, como la sordera de Beethoven, la bancarrota de Walt Disney, la poliomielitis de Wilma Rudolf, la edad del paupérrimo coronel Sanders (65) cuando inventó lo que ahora conocemos como Kentucky Fried Chicken, el que la Hewlett-Packard comenzara en una cochera, etcétera.

Cuando sentimos que nuestra vida se entumece, cuando nuestra imaginación se encuentra dormida, cuando el cinismo se ha colado en nuestro pensamiento, ha llegado la hora de buscar un buen ejemplo a seguir que nos lleve a nuevos niveles de desempeño y servicio.

Cómo seguir un buen ejemplo

Primera parte: ¿A quién ha admirado desde hace mucho tiempo? Quizás tenga a varios prospectos en su lista. Elija uno. ¿Qué sabe usted sobre esta persona? Imagine que usted es un reportero que investiga para escribir una historia. Aprenda todo lo que pueda sobre la vida, la obra y los obstáculos que venció para llegar a su meta. ¿Qué lo (a) motivaba? ¿Cómo fueron sus padres? ¿Cuántas veces "falló" antes de paladear el éxito? Conviértase en experto y comience a aplicar las lecciones aprendidas a su propia vida.

Segunda parte: Ahora piense en usted.

¿Ha considerado la posibilidad de ser el héroe de su propia vida? ¿Cuáles son sus mayores influencias? ¿Autores? ¿Miembros de la familia? ¿Compañeros de trabajo? ¿Maestros? Si alguien lo entrevistara, ¿qué sucesos referiría para inspirar a los demás?

Tercera parte: Consulte la lista de sueños que escribió al realizar el primer ejercicio de calentamiento.

¿Qué tipo de héroe o heroína sería ideal para que usted avance en dirección a sus sueños? ¿Se trata de un artista, un voluntario de la comunidad, un experto o empresario local? ¿En qué lugar del mundo podría conocer a alguien que echara a andar la maquinaria de sus sueños? Vaya a su encuentro. Conózcalos. Trabaje para ellos como voluntario. Deje a un lado su apatía, flojera o cinismo para llegar a donde siempre ha querido. Se sentirán halagados y estarán dispuestos a ayudar.

Ejercicio 14. Es imposible

Monstruo: Reverencia por la autoridad

Llegué a Gibraltar con la intención de unir los continentes de Europa y África nadando de una a otra costas. Hablé con reporteros, salvavidas, nadadores y demás para obtener información sobre el reto. Todos me dijeron lo mismo: Era imposible nadar desde el norte de África hasta Europa. De hecho, sentí que estaban casi orgullosos al decírmelo. "Ya lo han intentado. Nadie ha tenido éxito", comentaron los oficiales gubernamentales. Me enteré de que se había intentado 17 veces tan sólo en el transcurso del año anterior. "¡Pero si puede verse el continente africano desde aquí!", insistí. Finalmente me encontré con el capitán del *Mons Calpe*, un barco que navegaba la ruta entre Tánger y Gibraltar. "No sé por qué insisten tanto con ese asunto. La corriente principal atraviesa el Mediterráneo con gran fuerza; es casi como un río. Es imposible vencer esa corriente. Incluso yo tengo problemas con ella en mis travesías. Es imposible. Punto final amiguito." El capitán fue enfático. Todos pensaban que era imposible —los británicos, los españoles, los marroquíes. Pero yo no. Cuando lo hice, el gobierno de Gibraltar consideró la posibilidad de imprimir una estampilla postal conmemorativa.

En 1967, dos meses después de realizar la "imposible" travesía, fui al Canal de la Mancha para organizar un equipo que rompiera el récord mundial. Quería demostrar que las personas de distintos países y culturas pueden unirse como equipo para lograr un objetivo común. Los seis miembros del equipo provenían de Inglaterra, India, Pakistán, Canadá, Australia y Estados Unidos (yo). La combinación tenía mucho de simbólico, pues Pakistán y la India estaban en guerra y los nadadores estaban oficialmente patrocinados por sus respectivos gobiernos. No obstante, cuando llegó el día de emprender el reto, el pakistaní se retiró del equipo e, irónicamente, sus motivos para ello nada tenían que ver con el miembro hindú. Explicó su decisión como sigue: "En mi país, las mujeres no hacen nada al mismo nivel que los hombres. Seré desgraciado al regresar." (Australia y Canadá estaban representados por mujeres.) Como era un nadador muy rápido, su participación era esencial para romper la marca. Como estaba yo obsesionado con la idea de romper la marca, preferí cancelar. Para mí, era imposible lograrlo sin él. Error. Mi error.

Cuando me propuse atravesar la cordillera del Atlas y el desierto del Sahara, escuché respuestas similares. "Es un lugar hostil lleno de gente hostil. Es imposible atravesarlo con vida", advertían todos. Lo hice de todos modos y la experiencia se cuenta entre las más reveladoras e importantes de mi vida. ¡Qué lástima habérmela perdido en caso de tomar las creencias de los demás como verdad absoluta!

Estas y otras experiencias relativas al cuestionamiento de la autoridad han transformado mi concepción de la vida. Soy un abogado de lo imposible. *¿Por qué es imposible?* Tal es mi pregunta favorita. Sin embargo, mi motivación principal no se basaba en probar que no era imposible. Algo en mi interior me impelía a vivir determinadas experiencias; aprendí a escuchar esa voz interior antes que cualquier otra. En este sentido, al lograr lo que otros consideran imposible equivale a encontrar en mí mismo el valor suficiente para permitir la expresión plena de mi verdadero yo. Debemos aprender a tomar en cuenta esa voz que insiste en lo contrario. La voz se hace más fuerte y clara gracias a la experiencia. La primera vez es la más difícil. Hágalo una vez y nunca será el mismo. Para mayor inspiración, piense que todo avance importante para la historia de la humanidad tuvo lugar porque alguien rompió las barreras de lo imposible.

Cómo hacer posible lo imposible

Todos tenemos una pregunta secreta concerniente a lo que podría ser o *hubiera sido*. Revise su lista de sueños. Si algo parece imposible, estoy seguro de que llamará su atención inmediatamente. ¿De qué se trata? ¿Por qué es imposible? ¿Qué debe hacer para comenzar? ¿Le servirá el método de los cinco pasos? No importa que se requiera de mucho tiempo, comprométase ahora a realizar aquello que parece imposible. No deje que su sueño se esfume. Descubra en qué consistirán sus "dos primeras vueltas" para llegar a atravesar a nado el estrecho de Gibraltar.

Ejercicio 15. Tengo una corazonada

Monstruo: Falta de confianza en la intuición

Cuando era un muchacho que crecía en San Francisco, estaba ansioso por competir, en parte porque la competencia era uno de los valores inculcados a los jóvenes y en parte porque nací con una natural tendencia a las actividades atléticas. Me gustaban los juegos y deportes de todo tipo. Aprendí a trasladar el espíritu deportivo de competición a todas mis actividades, lo cual me permitió obtener logros considerables. Durante mis últimos años de adolescencia, ese espíritu se manifestó en forma errónea: más bebida y mejores fiestas. Pero más tarde se presentó un cambio radical. Dejé de competir contra los demás para hacerlo conmigo mismo; esto sólo fue posible al descubrir uno de los principales atributos del ser interior...

La natación de resistencia, el caminar a través de desiertos, escalar montañas y los maratones solitarios en despoblado ponían a prueba mi resistencia física y mental. Cuando empezaba a vivir estas aventuras, en los años sesenta, psicólogos como Carl Rogers, Rollo May Abraham Maslow comenzaban a explorar nuevas alternativas para el potencial humano. Las librerías aún no estaban atestadas con libros que enseñaran el camino interior, así que, ciertamente, mi mentalidad no estaba lista para asimilar lo que sucedía cada vez que viajaba a algún lugar del mundo para retornar significativamente cambiado. No obstante, mis experiencias aventureras me llevaron a percibir algo que llamé *la fuente*. Gracias a esto, comprendí algo nuevo para mí: el retarme a mí mismo acarreaba recompensas mucho mayores que el retar a los demás.

Tenía la corazonada de haber descubierto algo trascendente y solía hablar sobre este nuevo concepto; imaginé aventuras que se relacionaran con la transformación personal y el descubrimiento del ser; busqué mi mejor desempeño y las marcas mundiales pasaron a un segundo plano. En principio, mi idea no fue muy popular, especialmente cuando era discutida por entrenadores o en programas televisivos. Mi objetivo era alentar a la gente, no sólo a los atletas dotados, para que se involucraran en actividades que constituyeran retos y favorecieran el crecimiento espiritual y personal. La revista *Sports Illustrated* consideró que mis ideas eran lo suficientemente provocativas como para dedicarles una portada. El reportaje que entonces apareció contribuyó a la "fiebre" por la carrera y la condición física que pronto se extendió a lo largo y ancho de Estados Unidos.

La meta de la transformación es descubrir que la relación con nuestra esencia es energética, amorosa, sabia, compasiva, creativa, alegre y remuneradora. En ese tiempo no estaba de moda el binomio cuerpo-alma, pero la esencia de éste translucía en todos mis conceptos. ¿De dónde provino esta idea? Si tomamos en cuenta los valores que rigieron mi juventud, su aparición resulta sorprendente. Mi firmeza y confianza permitieron llevar al límite mis aventuras y mi ser, pero la intuición me mantenía sano, relativamente libre de lesiones y en suma, vivo. Desde el punto de vista científico, no tenemos una explicación satisfactoria para la intuición y su funcionamiento. Sin embargo, el material anecdótico abunda. Los seres humanos somos intuitivos —*podemos saber las cosas sin razón aparente.* Cuando esto sucede, la lógica se torna intrascendente porque la experiencia predomina. Sospecho que la intuición es una función de la conciencia expandida, función que proviene de una fuente superior a nuestro ser individual. En este sentido, es efecto de la relación que mantenemos con la vida en general.

"No soy intuitivo", podría pensar usted. Quizás ése sea su principal reto. Si prefiere no creer en la intuición como facultad del conocimiento humano, es probable que nunca viva dicha experiencia. Pero si convierte en hábito su disposición a abrazar monstruos, si se acostumbra a seguir los deseos de su corazón y a probar sus supuestos límites, tarde o temprano llegará a experimentar la intuición. *Sucederá.* Tendrá una experiencia cumbre que cambiará sus ideas sobre quién es usted en verdad y cuál es su propósito en la vida. No tiene que atravesar el Sahara o sumergirse en un cenote sagrado maya. Sucede que esa fue mi manera de hacer las cosas porque elegí dicho camino, pero su camino le pertenece a usted exclusivamente.

Se ha dicho que tocar fondo es también una experiencia cumbre. Cuando se llega al punto de no retorno, al "ya no puedo seguir viviendo así", la vida cambia para mucha gente.

Cómo escuchar a sus corazonadas

Es engañoso proponer un ejercicio para desarrollar la intuición porque ésta tiende a funcionar de manera distinta en cada persona. Las personas altamente visuales tienden a "ver" información con el ojo de la mente. Si usted es cinestésico, su cuerpo le dará señales y brindará información que parecerá viajar por sus músculos, estómago, manos y cabeza. Otros reportan escuchar información en forma de voces que hablan.

El primer paso de su ejercicio consistirá en determinar si alguno de sus sentidos predomina sobre los demás. Por ejemplo, ¿ha sucedido que conozca de antemano la identidad de la persona que llama por teléfono? Esta es una manifestación común de la intuición. Si usted ha vivido esta experiencia, ¿piensa solamente en la persona, escucha su voz o ve su rostro? Esta es una ilustración muy sencilla, pero ayuda a llegar al fondo del asunto. Trate de ajustar su "recepción" y verifique si puede incrementar el número de ocasiones en que "adivina" correctamente quién llama por teléfono.

Otra manera que puede ayudarle a descubrir sus facul tades intuitivas consiste en *poner atención a sus sueños* cuando duerme durante la noche. Tenga preparado un cuaderno en la mesita de noche y úselo inmediatamente después de despertar. El simple acto de redirigir su atención hacia el interior, alentará sus relaciones intuitivas. Usted puede descubrir que sus sueños contienen información valiosa que le conducirá a la toma de decisiones importantes con mayor claridad y certidumbre.

Capítulo 5

Los monstruos de las relaciones

Los monstruos de las relaciones se aparecen cuando alguien "pulsa sus botones". Le advierten cuando usted padece emocional y psicológicamente, cuando su ego es demasiado grande o pequeño y cuando las relaciones con los demás se estrechan, dándole una sensación de amenaza.

En los casos de amigos íntimos, familiares y parejas, tendemos a creer que el *status quo* es permanente, es decir, que ese importante rubro de nuestro crecimiento personal cesa en un momento determinado para dar punto final a las búsquedas y los cambios. Cuando la comunicación queda afectada, cuando parece justificado asumir el papel de víctima, cuando juzgamos que nuestra vulnerabilidad se transforma en debilidad y cuando el aislamiento es la mejor solución a un problema, puede usted estar seguro de que el panorama esta lleno de monstruos de las relaciones que desean ser abrazados. Y si romper con una relación es lo mejor que puede hacerse, dichos monstruos podrán evitar que usted tome la decisión. Se alimentan de la confusión de las fronteras mal trazadas, de la competencia, la falta de cooperación y crean problemas cuando la autoestima se encuentra particularmente vulnerable. Suelen expresarse con variaciones infinitas de temas familiares: *Cómo te atreves. Esa no es mi obligación. Siempre quieres salirte con la tuya. Mi idea es mejor que la tuya. Puedo hacerlo solo. No necesito a nadie.* Y, la preferida, *Así soy yo.* También se emocionan cuando estamos a la defensiva.

Una de las cualidades más irónicas y frustrantes de los monstruos de las relaciones es que resultan obvios y transparentes a todo mundo excepto nosotros, al menos hasta el momento en que se nos aparecen. *De hecho, esa es su función en la vida: ayudarnos a relacionar nuestro ser con otras personas cuando preferiríamos no hacerlo.* Se manifiestan con diversos nombres: jefe, padre, madre, hijo, pareja, amigo, vecino y extraño. Se requiere de mucho valor y decisión para abrirles los brazos. Cuando uno intima con ellos puede descubrir que son poseedores de muchas claves para satisfacer sus deseos, especialmente los deseos más profundos de su corazón.

Las relaciones se presentan con múltiples formas distintas y lo mismo sucede con los monstruos de las relaciones. Cuando se trata de relaciones estrechas, íntimas, ellos predominan en la escena. También se muestran en nuestras relaciones con el yo y en nuestro actuar como miembros de la comunidad. Nos enseñan que la vida es interdependiente por naturaleza y que la lógica científica (causa-efecto) es una perspectiva muy pobre de las posibilidades humanas. Poco a poco comprendemos que cada experiencia nos engrandece y que lo sucedido en el pasado no necesariamente determina los que sucede o sucederá, porque los seres humanos cambiamos a lo largo de la vida. Siempre cambiamos. Todo momento encierra posibilidades de curación. Estos monstruos nos enseñan qué es la empatía y por qué el ponerse en los zapatos de otra persona constituye la mejor medicina para superar o aclarar un malentendido.

Otra coraza que surge cuando los monstruos de las relaciones se presentan, se ajusta al sistema de *nosotros contra ellos* y *yo contra ti*. Al calor de la batalla deseamos evitar la victoria del monstruo porque eso ímplicaría nuestra derrota. Este es el detalle que nos permitirá advertir su presencia. El resultado parece constreñido a las opciones de ganar o perder, pero la batalla adopta modalidades sorprendentes.

Al abrazar dichos monstruos comprendemos que su esencia es hacernos más sabios, compasivos y humildes, lo cual dará amor perdón y sentido a nuestras relaciones. Debemos celebrar su existencia. A fin de cuentas nos ayudan a darnos cuenta de que existe mucha satisfacción y alegría en la dedicación y el trabajo duro de la vida productiva. Al divertirnos y disfrutar juntos llegamos a sospechar que la vida *puede convertirse en una fiesta.* Al mostrarnos el camino del amor, nos enseñan también mucho sobre el amor a nosotros mismos y al mundo. Amar es nuestra misión. ¿Por qué no abrazarlos?

Ejercicio 16. "¿Sabes qué me gusta de ti?"
Monstruo: Vulnerabilidad

Entre los cientos de lugares que han hecho las veces de lugar de trabajo para mí, ninguno es tan especial como la Casa de la Tierra, donde he realizado más de 50 aventuras al aire libre desde 1974. La Casa de la Tierra, localizada al este de Millstone, Nueva Jersey, es un centro de tratamiento alternativo para jóvenes que sufren de graves desórdenes psicológicos, principalmente esquizofrenia. Se trata de un lugar maravilloso en que el abrazar monstruos cobra un nuevo significado. El personal y los pacientes me han enseñado mucho sobre la extraordinaria capacidad humana para abrazar el miedo y expresar el amor abiertamente.

Muchos pacientes de la Casa de la Tierra tienen un historial de intentos de suicidio. El abuso de sustancias tóxicas también es muy común. La mayoría de los pacientes jamás han logrado funcionar en el mundo valiéndose de sus propios medios. Muchos, si no es que la mayoría, han soportado prolongadas hospitalizaciones para tratar y controlar sus padecimientos. Varias veces al año, una camioneta llena de pacientes esquizofrénicos con diagnósticos que van desde lo ligero a lo severo se dirige al bosque durante cuatro días para llevar a cabo una terapia poco usual: alpinismo, natación, campismo y demás juegos al aire libre que llamamos Aventuras Terrenas. Al cuarto día jugamos un juego llamado "¿Sabes qué me gusta de ti?" Me sorprende la transformación que opera en el rostro de los jóvenes. Los pacientes con depresión profunda parecen revivir. Los hiperactivos se calman. Sus demonios particulares son silenciados para dar paso a un periodo de alegría pura. Se relacionan entre sí y se divierten haciendo y recibiendo cumplidos, una rara experiencia para quienes padecen esquizofrenia. Si ellos pueden hacerlo, todos podemos.

Cualquier esfuerzo será poco cuando se trata de recuperar nuestra inocencia originaria y, al jugar este juego se entra en contacto con cierta amorosa inocencia que casi todos perdemos cuando llegamos al primer año de primaria y nos relacionamos con el concepto de competencia. Como adultos, tendemos a no retroalimentar esta valiosa experiencia. Lo hacemos únicamente en ocasiones especiales y, consecuentemente, reforzamos la idea de que sólo dichas ocasiones ameritan los cumplidos. Un halago honesto establece una significativa relación con las demás personas, ya se trate de la pareja, socio o jefe. ¿Por qué sentimos que es arriesgado decir este tipo de verdad en el caso de las personas que no conocemos bien? Porque justo allí se encuentra un monstruo. Abrácelo. Si duda sobre el valor de la recompensa o sobre su capacidad de expresar cumplidos a virtuales extraños, imagine ser el receptor del halago y encontrará la motivación para intentarlo.

Cómo jugar "¿Sabes qué me gusta de ti?"

Primera parte: La gente que usted conoce bien.

Hay varias opciones para llevar a la práctica este ejercicio. Primero, durante una semana, compenétrese con la frase "¿Sabes lo que me gusta de ti?" y conviértala en parte de su rutina cotidiana. Escríbala en los lugares u objetos que mira con mayor frecuencia: su escritorio, calendario, auto y/o el espejo del baño. Díga esta frase a tres personas cada día y lleve un registro de los receptores de su mensaje. Comience por la gente con quien vive y luego extienda esta práctica a las personas que laboran con usted. A la hora de repartir halagos, no se olvide de usted mismo. Este cambio de actitud le convertirá instantáneamente en optimista si el pesimismo nubla su perspectiva de vez en cuando.

Segunda parte: Las personas que no conoce bien.

¿Cómo sería la vida si usted asaltara a sus vecinos con comentarios agradables todo el tiempo? La sinceridad es esencial y se sorprenderá de lo sencillo que es ponerla en práctica. Por ejemplo, podría comentar a su vecino: "¿Sabes qué me gusta de ti? Tu manera de cuidar las rosas. El vecindario luce muy bien gracias a tu esfuerzo." O diga algo similar a los extraños, como los empacadores del supermercado, los mensajeros que lleven algún paquete a su casa, el cartero y demás personajes que participan de una u otra manera en nuestra vida sin que nos enteremos de su nombre. "¿Sabe qué me gusta de ti? Siempre colocas las compras de manera que nada se daña", o, "siempre tiene usted algún comentario agradable para su clientes".

Sea vulnerable. Sea generoso. Mejor aún, sea generosamente vulnerable.

Ejercicio 17. Curando su relación
Monstruo: Perdonar y olvidar

Hasta que mi padre sufrió un ataque cardiaco casi fatal, nuestra relación fue tensa y algo distante. Al igual que sucede en muchas relaciones padre-hijo, no expresábamos fácilmente nuestro sentimientos. Él era estricto y esperaba mucho de mí. Expresaba su orgullo sobre mis logros a otras personas, pero no a mí. Yo lo respetaba por su inteligencia, fuerza, y por ser el excelente médico que era, pero a lo largo de varios años fuimos incapaces de disfrutar una verdadera amistad. En lugar de ello, discutíamos frecuentemente y, generalmente, él ganaba los debates. Su ataque cardiaco había sido tan severo que estaba casi muerto al llegar al hospital. Había sufrido varias fracturas en las costillas causadas durante el proceso de resucitación. Cuando lo vi allí recostado, con numerosos tubos que penetraban en sus brazos, nariz y boca, sentí que mi padre moriría sin saber lo mucho que lo amaba. Por primera vez le dije: "Te amo, papá". Él no podía hablar pero su expresión denotaba ternura y apretó mi mano. En ese momento su pulso aumentó y se activaron algunas alarmas. Así, nuestro momento de intimidad fue interrumpido por la llegada de médicos y enfermeras. Debido a su frágil condición, mis palabras estuvieron a punto de matarlo. Gracias a Dios, se recuperó totalmente y vivió para ejercer la medicina otros 10 años. Pasamos más tiempo juntos y nuestra relación floreció. Nos convertimos en buenos amigos e incluso llegué a ganar algunos debates.

En muchas de mis aventuras, algo llamado "pureza de propósitos" ha asegurado la feliz consecución en situaciones difíciles. Otras personas lo llaman intención pura. Me proporciona una clase de energía que se transforma en un sentimiento confiable. Al encontrarme con cazadores nubios de cocodrilos y pescadores hostiles en el Nilo o al negociar con un cliente, obtengo gran confianza, claridad y tranquilidad mental gracias a esta pureza. Cuando el temor, la confusión, el peligro o el dolor acechan, he aprendido a meditar sobre mis motivos para asegurarme de que estoy en guardia contra la ambigüedad, la desilusión o cualquier otro tipo de conflictiva interior. Cuando escucho a mi corazón es más sencillo conseguir la paz interior y las buenas intenciones fluyen con naturalidad. *Con tranquilidad mental cualquier acción tiende a ser positiva.*

Deepak Chopra enseña que la persona autoactualizada es aquella que utiliza el espejo de las relaciones para favorecer su evolución. El vivir una vida llena de relaciones rotas puede convertirse en gran obstáculo que debilita nuestras relaciones futuras. El tratamiento de este tipo de dolencias emocionales puede tomar años. Estoy seguro de que este monstruo seguirá acechando hasta que logremos despojarnos de los fracasos anteriores. ¿Para qué esperar si la oportunidad está ahí, frente a usted? Podríamos llenar cientos de estantes con los libros que sobre el tema se han escrito, pero aun así, abrazar este monstruo no es tarea sencilla. La solución no está en el análisis. Para lograr un avance sustancioso debe buscar la pureza de sus propósitos sin preocuparse por el resultado. Podríamos decir que esto es una especie de olvido. He aquí algunas maneras de "olvidar" lo que tanto nos limita.

Cómo curar relaciones

Primera parte: Las relaciones con usted mismo.
Revise sus relaciones pasadas y presentes con la intención de determinar cuáles relaciones requieren mayor atención. Escriba los nombres y asuntos que han de ser resueltos. Puede ser fácil dar con una o dos situaciones, pero no se detenga ahí. Siga adelante para descubrir un patrón de comportamiento en la naturaleza de las heridas detectadas. La intuición y la empatía serán herramientas útiles dado que los malos entendidos suelen ser fuente de estos conflictos. Por ejemplo, ¿frecuentemente dice usted algo que los demás malinterpretan? A veces el tono de voz sustituye al mensaje. Aunque puede parecer complicado, el olvidar antiguas heridas se facilita cuando uno resuelve sus problemas de comunicación. En otras palabras, a veces las palabras pierden su fuerza y las relacio-

nes naufragan en la incomprensión. Lo que para usted constituía un grave desacuerdo, puede evaporarse hasta convertirse en una simple falla comunicativa. Podría revisar los asuntos de poca importancia al principio. ¿Qué pasaría si tuviéramos la convicción de que todas y cada una de las personas que encontramos en nuestra vida tienen las mejores intenciones todo el tiempo? ¿De qué manera cambiaría su perspectiva esta idea? ¿Cómo beneficiaría a las relaciones que requieren de atención?

Segunda parte: Las relaciones con los demás.

Elija tres personas con las que desee poner las cosas en claro. Escriba sus pensamientos en una carta con el propósito de ser claro. Tal vez esto baste. ¿Quiere ir más a fondo? Telefonee o visite a estas personas y ventile los asuntos no resueltos. Escuche atentamente su punto de vista. Ríase. Comparta una comida con ellos. Agradézcales por el hecho de formar parte de su vida. Reflexione sobre lo sucedido y comprométase a mantener una mentalidad abierta. Así, podrá descubrir que un antiguo enemigo se convierte en amigo como por arte de magia. O también podrá confirmar sus sospechas: el tiempo ha pasado, las cosas han cambiado y la relación puede revivir. Como sea, siempre es bueno concluir esas rencillas y olvidar. Este es un paso necesario para poder comenzar de nuevo.

Ejercicio 18. Llegar a conocerte
Monstruo: Dificultad para entablar nuevas amistades

A pesar de los contratiempos, viajar en países extraños vale la pena. Quizás una de las experiencias de viaje más intensas es visitar la India. En este país el desplazamiento puede ser una experiencia emocionante en sí misma. Los caminos son malos y también lo son los choferes que, sin reservas, invaden el carril contrario sin dejar de tocar el claxon culebreando entre la gente, las vacas, bueyes, elefantes, camellos y demás. Las colisiones son muy comunes. Las estaciones ferroviarias y las terminales de camiones están repletas de personas que parecen tranquilas, dando la impresión de que viven en un caos organizado. Cuando Sandy y yo viajamos a la India durante seis semanas, nos transportamos en autos, bicicletas, botes de remos, aviones, lanchas, taxis, camiones, coches particulares y trenes. Uno de nuestros viajes en tren duró 34 horas.

Yo ya tenía experiencia en los viajes a través de países del tercer mundo, pero Sandy no. El compartir la vivencia en un lugar como la India nos hizo estrechar nuestros lazos, logrando en unos cuantos días lo que nuestra rutina cotidiana no lograría en 100 años.

Los años invertidos en aventuras con otras personas me han convencido de que una de las mejores maneras para establecer un nexo sólido consiste en hacer cosas intensas juntos. El viaje es sólo una opción entre muchas otras como el campismo, el canotaje o los viajes en bicicleta. Si las actividades al aire libre no son de su agrado, dispone usted de muchas otras opciones para crear situaciones intensas que compartir. Los requerimientos básicos son: un destino u orientación comunes que involucren sus capacidades físicas, mentales y emocionales y tiempo suficiente para que los monstruos mutuos afloren, sean identificados y abrazados.

La gente se "mueve" a lo largo y ancho de nuestra vida. Sólo un pequeño número de personas figuran en ella desde el principio para permanecer hasta el final. En el curso de una vida normal, llegamos a tener docenas de relaciones especiales. A menos que usted pueda predecir el futuro, no sabrá cuanto durarán sus relaciones o por cuánto tiempo desempeñará un papel importante en la vida de otros. Lo mismo puede ser factor determinante por 10 años o por 10 días. La mejor estrategia, me parece, es encontrar la manera de aferrarse al momento y descubrir uno de los aspectos más placenteros de la vida: Las relaciones claras y estrechas con los demás.

Cómo llegar a conocer a alguien

Usted vivirá una aventura con alguien. Quién sea esa persona y qué actividad emprender serán decisiones suyas. Sólo asegúrese de que esa actividad engrandezca sus patrones emocionales y psicológicos. La aventura planeada debe ser muy distinta a su vivencia diaria. Las conversaciones deberán versar sobre temas nuevos. Organice un viaje a algún lugar especial y emocionante. Puede tratarse de un retiro en las montañas, una visita al desierto, un día completo en las librerías de segunda mano de su ciudad, a los cafés o cualquier otro tipo de establecimientos. Cuando planifique su aventura, trate de que sea propicia para la aparición de los siguientes monstruos: el miedo al rechazo, a la vergüenza, a los viajes, a la incomodidad, al trabajo en equipo, a la pérdida del control. *Tantos monstruos, tan poco tiempo.* Lleve su cámara y tome fotografías que sean prueba fehaciente de la aventura común.

Primera parte: Las personas con quienes usted mantiene ahora un estrecho contacto.

Puede escoger a un amigo con quien ha tenido algún malentendido. Así aprovechará el tiempo para sanar la relación. También puede optar por la compañía de un familiar —padre, madre, pareja o hijo— para crear un lazo especial fuera de la rutina diaria. Analice a las personas importantes de su vida e imagine cómo sería el compartir un día entero en la playa o en los senderos del bosque sin distracciones como juegos, música o conversaciones relacionadas con el trabajo. Planee el evento, ponga una fecha y haga los preparativos necesarios para que la relación cobre nuevo ímpetu. Sucederá.

Segunda parte: Personas que desearía conocer mejor.

En algún lugar de su mundo personal hay un individuo que desearía conocer mejor. O tal vez haya conocido recientemente a alguien. O dicha persona ha sido su vecino durante cinco años y sólo ha conversado ocasionalmente con ella. El individuo que tiene en mente podría convertirse en mentor, mejor amigo o compañero de por vida. El caso es que nunca se sabe qué pasará. Si no toma la iniciativa podrá pasar de largo ante una oportunidad de oro. Tome el teléfono e invite a dicha persona a comer o cenar. Tenga en mente un plan e invítelo (a) a participar. Para cuando lleguen al café su aventura habrá nacido. Ponga la fecha y, para obtener mejores resultados, le recomiendo que la fecha sea más cercana que remota. Su aventura será el mejor postre posible.

Pocas personas saben emprender una caminata. Los requisitos indispensables son: resistencia, ropa sencilla, zapatos viejos, gusto por la naturaleza, buen humor, enorme curiosidad, buena conversación, buen silencio y nada en demasía.

—Ralph Waldo Emerson

Ejercicio 19. ¿Crees que soy sexy?
Monstruo: Tedio conyugal

Probablemente nos gustaría hablar sobre el sexo más abiertamente si pudiéramos imaginar un sistema que no fuera potencialmente vergonzoso, irrespetuoso o raro. ¿Está de acuerdo? Los vestidores y los salones de belleza y bares siguen siendo los lugares más populares y seguros para discutir y chismear sobre nuestras "intimidades", aunque en estos días supongo que deberíamos agregar el Internet. El péndulo de lo sexual ha pasado del amor libre pregonado en los años sesenta al sexo seguro de los noventa. Pero me pregunto si las parejas hacen el amor más cómodamente ahora. ¿Experimentamos la intimidad verdadera? ¿Nos sentimos cómodos con la apariencia de nuestro cuerpo? ¿Somos personas más sanas y mejor adaptadas? ¿Somos más capaces de mantener relaciones duraderas que sobrepasen la etapa del enamoramiento inicial?

Sospecho que la capacidad de disfrutar plenamente del sexo depende de nuestra voluntad de abrazar monstruos privados. En este caso pasa lo mismo que en el de los demás monstruos : el juicio, el análisis y la especulación filosófica no suelen llevarnos muy lejos que digamos. Debemos correr el riesgo de sentir pena, de abrirnos, de enfrentar nuestra ignorancia y de superar la timidez para que nuestro corazón logre vivir sin reservas. Al aprender a amarnos a nosotros mismos aprenderemos también a gozar plenamente de la sexualidad en el ámbito de una relación amorosa.

Uno de los temas fundamentales a este respecto es la experiencia. Aceptemos que se trata de una espada de dos filos. Si no tenemos suficiente experiencia como para expresar nuestros deseos, tememos ser juzgados de modo poco favorable. ¿Quién negaría que el cuerpo humano es un milagro que vale la pena explorar y celebrar? Dar y recibir amor por medio del jugueteo sexual, de la ternura y de la pasión, no debe convertirse en fuente de conflicto o ignorancia. Créame que vale la pena abrazar los monstruos de alcoba. He aquí algunas sugerencias que le ayudarán a librar la batalla contra estos monstruos de las relaciones.

¿Crees que soy sexy?

Primera parte:
Si su pareja pudiera leer la mente, ¿qué aprendería él o ella sobre sus gustos y placeres? En otras palabras, ¿sabe usted qué desea? No tiene que hablar de ello con su pareja hasta estar seguro (a), así que el primer paso consiste solamente en establecer una comunicación clara. Tal será su primera meta. Le puede ser útil el tomar como ejemplo escenas memorables de películas o novelas. ¿Le resulta muy difícil utilizar ciertas palabras para hablar sensualmente? Trate de sustituir los eufemismos con un lenguaje preciso. Hable de ello con sus amigos. Recorte artículos de revistas y compártalos con su pareja. Lea libros. Comprométase con la claridad y trate de obtener respuestas claras para todas las preguntas que le han inquietado desde la adolescencia. El método de cinco pasos funciona a las mil maravillas.

El siguiente paso puede consistir en pedir a su pareja que haga lo mismo. ¿Qué desea? ¿Qué la volvería loca? Pida detalles. Jueguen, admitan su timidez. Si el éxtasis fuera un lugar, ¿qué se requeriría para ir allí? Cuando ambos estén listos, dediquen un día completo a explorar los temas y experiencias que cada uno de ustedes quiera poner sobre la mesa de discusiones. Hablen de sus patrones —los que le producen placer y los que necesitan de cierta variedad. La conversación franca puede bastar para eliminar el aburrimiento e incrementar la pasión en la alcoba y en la relación entera.

Segunda parte:

Si hiciéramos una encuesta, descubriríamos que la previsibilidad rara vez obra como afrodisíaco. *Rompa sus patrones.* Para ser sexy debe sentirse sexy. Imagine que usted es el más sexy dios o diosa del amor que existe sobre la tierra. Si su relación sexual necesita nueva vida porque la pasión se ha ido, deberá hacer uso de su imaginación. Por ejemplo, si únicamente tienen relaciones por las noches en la habitación, trate de hacerlo durante el día en la sala. ¿Por qué no visitar una librería para adultos? También puede comprar un ejemplar del *Kama Sutra* y explorarlo juntos para aprender las técnicas respiratorias y movimientos del yoga tántrico. Use ropa provocativa que esté reservada a ustedes dos y nadie más. Puede redecorar su cuarto para hacerlo más sensual ; juegue con la iluminación y el espacio hasta convertirlo en el sitio ideal. ¿No le gustaría llenar su nido de amor con pétalos de rosa? ¿Qué tal algunos aceites aromáticos o un poco de incienso?

Sólo el simultáneo latir del sexo y el corazón puede crear éxtasis.

—Anaïs Nin

Ejercicio 20. Somos un equipo
Monstruo : Dependencia contra independencia

Afortunadamente comprendí desde el comienzo de mi carrera que no podía realizar aventuras y expediciones solo, aun cuando el evento en sí tuviera lugar sin compañía alguna. Los patrocinadores que financiaban, las personas que iban en el bote atentos a cualquier problema mientras yo nadaba, los expertos que me dieron sabios consejos y alentaron mis empresas, todos ellos ayudaban a realizar las aventuras y más de una vez me salvaron la vida. Sería justo decir que mientras más ambiciosa fuera la aventura, mayor trabajo de equipo requería.

A menos que usted vivía en una cueva aislada o en una isla desierta, el concepto de hacer las cosas a solas es un gran mito. En el mundo de los negocios, no es secreto el hecho de que el trabajo en equipo expande las posibilidades en términos de productividad y ganancias.

A lo largo de las altas y bajas que conforman nuestra vida, cada uno de nosotros puede volver la vista atrás y encontrar a alguien que nos ha acompañado en el camino. Estas personas, compañeros de viaje, nos demuestran que no estamos solos. Este apoyo permite advertir la magnitud de lo que parece un fenómeno natural de nuestra condición humana. Si nos abrimos a la posibilidad de recibir ayuda cierta y efectiva, ¿de qué no seremos capaces?

Cómo conformar un equipo

Primera parte : Diga gracias a un mentor.
Busque en su pasado para encontrar personas a quienes deba un agradecimiento. Haga lo necesario para seguirles el rastro. Déjeles saber que contribuyeron en gran medida al desarrollo de su vida. Tal vez haya aprendido a ser disciplinado gracias a su maestro de piano; tal vez deba su decisión y valentía al entrenador de fútbol. ¿Qué me dice de la persona que lo contrató por primera vez? Los padres y demás familiares son candidatos. Extienda este ejercicio a todas las personas que conoce y ama. Por ejemplo, piense en los autores cuyas obras le conmovieron. Piense en cómo la vida de otra persona influyó en la suya. Reflexione sobre el mito de la independencia y otorgue el justo valor a la verdadera interdependencia que todos vivimos a diario.
Segunda parte: Forme su propio Consejo Directivo.
Si esta idea funciona en los negocios y organizaciones no lucrativas, ¿no sería bueno aplicar el concepto a cada uno de nosotros, como individuos? No importa de qué medios se valga usted para mantener a su familia financieramente hablando: considere siempre que su vida es el trabajo más importante. En este sentido, las personas con quienes la comparte son sus inversionistas. Casi todos tenemos un grupo de amigos que obran como fuente de retroalimentación, inspiración y apoyo. Aprovechemos estas relaciones para hablar de los temas importantes, como cambiar

de empleo, mudarse, viajar, comenzar nuevas carreras o proyectos, etcétera.

Elija a los tres miembros de su Consejo Directivo que usted respete y admire más. Invítelos a comer, exponga sus inquietudes y escuche atentamente su opinión. Puede exponerles sus objetivos a corto y mediano plazo para que ellos le ayuden a ponerse en marcha. Esto es especialmente útil si usted está a punto de hacer un cambio significativo en su forma de vida, pero también funciona en los periodos de relativa calma. Permita que el Consejo conozca sus motivaciones más profundas. No es raro que los amigos vean los asuntos de nuestra vida con mayor claridad que nosotros mismos; siendo así, procure exponer lo que ellos no pueden advertir, no lo que de seguro ya conocen. Cuando usted se decide a formar un equipo que favorecerá su bienestar, dispondrá de una herramienta invaluable que le ayudará a concentrar su esfuerzo en las cuestiones realmente trascendentes. Las posibilidades son ilimitadas. Exponga esta idea a sus seres queridos y verá que pronto llegarán a formar parte de su Consejo Directivo.

Ejercicio 21: Trepe a su árbol genealógico

Monstruo: El pasado

Cuando Alex Haley escribió *Raíces*, dio al mundo un regalo colosal. *Raíces* trata profunda y apasionadamente sobre la importancia de conocer de dónde provenimos para saber quienes somos. Nuestro carácter está influenciado por la personalidad de nuestro entorno familiar y por la vivencia de nuestros antepasados. Podremos comprender más plenamente quienes somos si investigamos un poco sobre nuestro árbol genealógico.

En mi caso, la tendencia aventurera se remitía al abuelo paterno, nacido en 1838. Él viajó por los Estados Unidos en una carreta con su esposa y sus cinco hijos. Treinta años después, siendo ya viudo, volvió a casarse. Tenía 65 años cuando mi padre nació. Mi padre fue a Stanford con John Steinbeck a principios de la década de los veinte y aprendió biología marina al trabajar para Doc Rickets, quien inspiró el personaje principal de la novela de Steinbeck *Cannery Row.* Se las arregló para terminar la carrera de medicina. Uno de sus proyectos consistía en hacer investigación biológica en Alaska. Cuando estudiaba el comportamiento de los salmones, disparó al oso Kodiak más grande de que se tenga noticia. Por parte de mi padre, también tengo un tío que atravesó en veleros el Cabo de Hornos en varias ocasiones.

Mi madre, nacida en Princeton, Nueva Jersey, vivió de acuerdo con los dictados de su corazón sin temer la opinión de los demás. Como mujer soltera y brillante que era, llegó a ser secretaria ejecutiva del presidente de AT&T en Nueva York. Se casó con el padre de su mejor amiga, un médico que, poco después de haberse casado, sirvió al ejército en Manila, Filipinas, lugar en que vivieron. El general Douglas MacArthur y su esposa, junto con el llamado generalísimo Chiang-Kai-shek, se contaban entre sus amistades. Tras divorciarse de su esposo —lo cual era más que raro en esos días— conoció a mi padre en Shangai.

Una vez me preguntaron quién era la persona más interesante que había conocido en mi vida. Hice un rápido repaso mental de las celebridades con quienes había compartido aunque fuera un poco de tiempo. "Mis padres", respondí.

Es probable que usted encuentre escritores, exploradores, pintores e inventores en su árbol genealógico. O políticos, reformadores sociales y maestros. Tal vez se trate de piratas o pistoleros. Quizás exista toda una línea familiar que usted desconoce debido a extraños acontecimientos pasados.

En lugar de pasar por la vida desconectado de su propia herencia, explórela. Piense en el favor que estará haciendo a sus hijos.

Cómo trepar a su árbol genealógico.

Primera parte: La familia inmediata.
Entreviste a todos y cada uno de sus parientes, comenzando por sus padres de ser posible. Piense en que jamás sabe uno cuando dejará de tener este tipo de oportunidades. Si dichas personas están diseminadas por todo el país o el mundo, su labor requerirá de tiempo y esfuerzo, así que esté preparado. Formúleles preguntas simples sobre su vida cuando eran niños. Pregunte sobre sus recuerdos

de las celebraciones navideñas, sobre las cenas cotidianas de la familia, sobre sus maestros y los predicadores que escuchaban los domingos. ¿Quiénes eran sus amigos, mentores y enemigos? Descubra las mayores influencias de su vida. Imagine cómo eran antes de que usted llegara al mundo. Use grabadoras y cámaras de video para capturas sus antigüedades y viejas fotografías. Forme sus archivos informativos para compartirlos con sus hijos algún día.

Segunda parte: Haga una visita a sus raíces.

Investigue su árbol genealógico más allá de sus abuelos y llegue tan lejos como pueda. Cuando se sienta plenamente sigsatisfecho, planee viajes para visitar los lugares más significativos de su historia personal, especialmente los que tienen mayor relación con usted. Si esos lugares están en suelo extranjero, mucho mejor. El viajar con propósitos definidos es mejor que lo contrario.

Ejercicio 22: El ratón que rugía

Monstruo: La suficiencia

Me afilié a la Casa de la Tierra, una alternativa de tratamiento para niños con severos desórdenes mentales, en 1973, cuando Rosalind LaRoche, su fundadora, entró en contacto conmigo al escuchar sobre mi trabajo con ex-convictos y drogadictos en recuperación. Cada viernes, si es que no estaba yo en algún remoto lugar del mundo, iba a la Casa de la Tierra para dar clases de yoga diseñadas para los pacientes. Una de las características de los esquizofrénicos es que su padecimiento los desconecta de su cuerpo. El ejercicio, francamente repulsivo para los esquizofrénicos, producía efectos muy positivos en ellos. Alentados por los resultados obtenidos, quise ampliar los horizontes de mi programa.

Un día participé en la junta de consejo de la institución y compartí una idea que venía rumiando desde hace algún tiempo. Entonces, las palabras se atoraron en mi garganta. ¿Se reirían de mí para después echarme de la sala de juntas? ¿Era mi idea un sinsentido? Hasta donde yo sabía, no existía precedente alguno que apoyara mi propuesta. Finalmente, a pesar de mí mismo, encontré el valor necesario. Afirmé que los pacientes debían emprender una aventura al aire libre. Expliqué que yo había recibido incontables beneficios de este tipo de vivencia y que dichas recompensas también podrían ser obtenidas por los pacientes, lo cual favorecería su situación.

Todos se rieron estrepitosamente de mi idea..., todos excepto Rosalind. Hoy, después de 50 aventuras al aire libre, los pacientes han registrado éxitos maravillosos. Qué feliz me siento de que la idea no se quedara atorada en mi garganta.

La esencia del abrazar monstruos es ejercer autoridad en nuestra vida y salirnos de los caminos más frecuentados. El no tener los requisitos académicos pertinentes podrá hacer que usted no solicite un empleo como académico en la universidad, pero no evitará que usted hable en las juntas y exponga sus puntos de vista. ¿Cuántas veces otros han dicho lo que usted ya había pensado sin atreverse a externar? El mérito podría haber sido suyo.

Cómo ser un ratón que ruge

¿Es tímido? ¿Siente temor a la vergüenza o al rechazo de sus ideas y proyectos? ¿Evita hablar para no hacerse responsable de sus palabras? ¿Ha considerado la posibilidad de que la solución definitiva esté en sus manos?

Tenga en mente que *usted no es su idea.* Si la idea es rechazada, no significa que usted mismo es rechazado como persona. ¿Cómo reacciona usted a las ideas de los demás? ¿Verdad que no es tan extremo? Usted puede tomar un riesgo similar. Experimente sin creer que por este solo hecho tendrá que cambiar su forma de ser. Concéntrese en el resultado y en todos los caminos que su idea puede abrir. Deje que el método de cinco pasos para abrazar monstruos trabaje para usted. Antes de exponer su idea en la junta, expóngala a su esposa, socio o amigo. Ensaye frente al espejo y aproveche los beneficios de las grabadoras. Tome notas y llévelas a la junta. Realice este ejercicio y abrace al monstruo que le impide ser lo que puede ser. Sea cual sea el resultado, ganará automáticamente. Sus compañeros de trabajo también ganarán con su iniciativa.

Capítulo 6

Los monstruos de la libertad

Fundirse con el espíritu mismo de la aventura consiste en lanzarse de cabeza al momento presente, lo cual nos lleva una y otra vez a descubrir que somos libres. Para lograrlo debemos cerrar temporalmente la memoria de quienes fuimos y conectarnos con nuestro ser esencial. En este sentido, los monstruos de la libertad son aterradoras respuestas que bloquean nuestra capacidad de acceso a ese lugar íntimo en que encontraríamos el amor, la compasión y un natural fluir de nuestros recursos. Los monstruos de la libertad pueden llevarnos a vivir en el pasado, llenando nuestra perspectiva de condiciones y hechos precisos. Promueven nuestras limitaciones porque su deber consiste en mantener la seguridad, sin importar cómo definamos este concepto.

Los monstruos de la libertad, tienen dos personalidades útiles y no es fácil apreciar sus ámbitos de acción (el mundano y el mágico) a menos que se proponga conocer a estas criaturas. Hasta que son abrazados, los monstruos de la libertad son como los vigilantes de nuestra vida.

Patrullan los territorios que aún no han sido visitados y las fronteras que dividen lo conocido de lo desconocido. Gritan: "¡Alto! ¿Quién anda por ahí?" cuando enfrentamos el *status quo*. Su trabajo es proteger y defender nuestra identidad, recordándonos las reglas y obligándonos a viajar por el estrecho y seguro camino de siempre. Atención. Disponen de estrategias brillantes para evitar que vivamos lo nuevo, que intentemos lo no intentado, que expresemos nuestro ser. Prefieren que lleguemos al fin de la vida sin experimentar su riqueza.

A veces colaboran con los monstruos de la lógica para reforzar las reglas; con los monstruos de la inercia cuando algo importante está a punto de ocurrir y con los monstruos de las relaciones cuando los sentimientos intensos amenazan con abrumarnos. Cuando un monstruo de la libertad se alía con otro monstruo, incrementan su poder exponencialmente.

"Jamás podré hacerlo", es la frase que viene a nuestra mente cuando un monstruo de la libertad nos sorprende tratando de cruzar la frontera, aun en territorio conocido. "¡Sí puedo!" es lo que decimos cuando los abrazamos para entrar en territorio desconocido. Aunque pueden aparecerse en cualquier momento y circunstancia, suelen presentarse en ocasiones como las siguientes: cuando piensa ir de campamento al bosque en lugar de ir a un bonito hotel de playa; cuando deja a un lado el traje para vestirse con ropa más acorde a su personalidad; cuando renuncia a su puesto directivo y a su cuenta de ahorros para viajar un año entero, escribir una novela o dedicarse a labores de caridad.

Cuando usted abraza un monstruo de la libertad y se dirige a lo desconocido, la energía positiva puede ser como una explosión atómica producida en su plexo solar que libera sensaciones extrañas. Primero nos sentimos ansiosos. La tensión aumenta dando lugar a la concentración y la algarabía que llegará hasta la euforia. Finalmente se experimenta una maravillosa liberación. Nuestro ser descubre un mundo de nuevas posibilidades. La emoción de estar vivo es flagrante. Los efectos tienden a expandirse. Es como comerse la vida. Todo será movimiento, creatividad, relación y celebración una vez que los haya abrazado.

No importa cuál sea el territorio en que ahora vive; en el fondo, todo monstruo de la libertad es un recordatorio de que la vida está llena de sorpresas. Si usted cree que la vida es 100% controlable, quizás está anestesiado al dolor inherente a la misma, pero tampoco experimentará sus emociones y alegrías. Por accidente o voluntariamente, los monstruos de la libertad están destinados al abrazo. En otras palabras, no son más que nuestra respuesta a circunstancias que amenazan con alterar el esquema de vida enviándonos a una aventura no prevista, y poniendo a prueba la confianza en nosotros y los demás.

Cuando usted abraza un monstruo de la libertad liberará talentos insospechados. Sus limitaciones caerán por los suelos y florecerán muchos aspectos ignorados de su vida. Mientras que otros monstruos se sitúan claramente entre usted y sus miedos, los monstruos de la libertad navegan la distancia entre usted y sus temores y sueños. No olvide que puede convertirlos en medio para acceder a sus fantasías y anhelos.

Ejercicio 23: El cristal con el que miramos
Monstruo: La idea de nosotros mismos

Al vivir y trabajar en países extraños, suelo vestirme con la indumentaria local; con el paso del tiempo he experimentado sin dudar con una amplia variedad de atuendos y cortes de cabello, desde los pantalones de mezclilla al traje italiano, desde el pelo largo hasta el casquete corto, sin olvidar la cabeza rapada. Supongo que todos sacrificamos en cierto grado la comodidad con tal de usar el atuendo requerido por nuestro trabajo. A todos nos gustaría usar cómodos *pants* si pudiéramos. Nuestra imagen afecta nuestro sentir y lo sabemos bien. No importan mucho los dictados de la moda: tendemos a ceñirnos a patrones que ajusten nuestro aspecto a la idea que del éxito tenemos.

El espejo es un monstruo para la mayoría de las personas. La vanidad y la moda son fuente de tensión emocional. Un experto en modas me comentó que sus clientes insisten en obtener ayuda para cambiar su aspecto; una vez que la obtienen, suelen dejar sus nuevas ropas en el ropero durante meses pues no son capaces de ajustarse a la nueva imagen que ellos mismos desean obtener.

Adquirir y mantener el "nuevo aspecto" puede requerir de tiempo, dinero y esfuerzo, especialmente si pensamos que lo externo predomina sobre los aspectos interiores. Podemos utilizar nuestra apariencia para ingresar a un grupo, para afirmar algo o para liberarnos de ciertas inseguridades, pero en última instancia, el aspecto no es la clave para solucionar los problemas. ¿Qué tan seguro está usted de su apariencia?

Cómo aprovechar el cristal con el que mira

Primera parte: Párese frente al espejo.
Formúlese las siguientes preguntas: ¿Con qué aspectos de su apariencia está más identificado? ¿Cuáles son sus puntos en favor? ¿Qué puntos desearía cambiar? ¿De qué se queja? ¿Existe algún aspecto de su apariencia que le separe de la plena aceptación de sí mismo? ¿Quisiera ser más delgado, más grueso, más alto o más bajo? ¿Conforma sus ideales de acuerdo con el aspecto de las estrellas de cine, atletas profesionales o modelos? ¿Cuál es la fuente del aspecto anhelado? ¿Solían molestarlo por su aspecto cuando era niño? Descubra todo lo que odia o gusta de su apariencia. No se limite. Finalmente, ¿qué puede controlar o cambiar? ¿Qué debe aceptar sin más? En ambos casos, ponga manos a la obra. Ámese incondicionalmente.
Segunda parte: Juegue al profesional de la imagen.
¿Alguna vez se ha sorprendido pensando "Me vería mejor si..." o, "Ella sería hermosa si..."? De ser así, es probable

que los demás hayan pensado algo similar sobre usted. Por mera diversión, pida su opinión a alguien que quiera y respete. Sea valiente y pregunte. Después haga que esa persona le comente todo lo que gusta de usted.

Tercera parte: Cambie su apariencia.

Cambie de estilo. Sea tajante. Córtese el cabello. Tíñaselo si quiere. Use colores claros si siempre ha vestido con colores oscuros. Póngase tacones y minifalda si siempre ha usado zapatos bajos y faldas largas. Cambie las corbatas conservadoras por otras más atrevidas, los suéteres casuales por abrigos elegantes. Si rara vez se maquilla, hágalo. Rompa sus patrones y sienta el cambio interior que se produce al cambiar exteriormente.

Ejercicio 24: Caminar a ciegas

Monstruo: La falta de confianza

Los sonidos exóticos y los aromas cargados de la medina de Tánger se intensificaron cuando realicé un evento llamado Caminata a Ciegas como parte de mi Olimpiada personal. El objetivo consistía en taparme los ojos y pasar por un laberinto de tiendas y callejones a lo largo de dos millas. Las calles son tan estrechas y confusas que los turistas casi siempre se pierden, aunque mantengan los ojos bien abiertos. Mi bastón se convirtió en guía y los niños ayudaban a orientarme, especialmente cuando cuchicheaban o reían. Todos mis sentidos se agudizaban y, para mi sorpresa, experimenté un estado de ánimo frecuentemente asociado con las empresas atléticas. No sentí vergüenza al escuchar las risas debido a que no podía ver los rostros.

Me siento inspirado cuando escucho a los ciegos o sordos hablar sobre su rica concepción del mundo, especialmente con los que nunca han visto el amanecer o el rostro de un ser amado, o con quienes jamás han escuchado una sonata de Chopin o los delicados sonidos que produce un recién nacido. Es difícil no sentir lástima por ellos, pero la realidad es que los ciegos ven de manera distinta al común de la gente. Sus sentidos internos se desarrollan en un grado que los videntes no conocemos ni remotamente.

Cuando alteramos nuestros sentidos experimentamos nuestros cuerpos de manera distinta. Comúnmente, como me sucedió en la medina, descubrimos un estado del ser que es parecido a un fluir ininterrumpido, una sensación de plenitud y libertad que sugiere nuevas posibilidades para la vida cotidiana de quienes sí podemos ver.

Cómo caminar a ciegas

Elija su ruta de antemano. Puede recorrerla con los ojos abiertos o practicar con los ojos tapados en su casa. Pida a un amigo que lo acompañe el día de la prueba. Asegúrese de que la distancia constituya un reto. Cúbrase los ojos y asegúrese de no percibir la menor cantidad de luz. Después ponga atención a los dictados de sus demás sentidos. Utilice un bastón. Si está de ánimo para una verdadera aventura, tome un camión que lo conduzca a un destino determinado en que su amigo lo encontrará. El poder de este ejercicio reside en el *hacer*, no en imaginar cómo sería el hacerlo.

Ejercicio 25: Enfrente al león
Monstruo: La ansiedad y la falta de energía

He aprendido a concebir el estrés como una energía extra que ruega por ser utilizada. El verdadero truco que nos ayudará a manejar la tensión es saber cómo reconocerla y utilizarla como válvula de escape. Una caminata. Una sesión de carrera. Ejercicios respiratorios. Estirarse. Menos cafeína. Música suave. Una puerta cerrada. Todos tienen tips para manejar la tensión. También sabemos que una de las claves consiste en mantener el balance, dormir bien, ejercitarse regularmente, mantener una dieta sana y descansar. A continuación le presento dos ejercicios, el Salto del León y el Rugido del León. Funcionan a las mil maravillas cuando hay un exceso de adrenalina y faltan muchos kilómetros por recorrer antes de poder descansar a pierna suelta.

Aprendí el Salto del León de los guerreros masai y samburu que viven en Kenia. Se trata de una danza ritual que pretende transformar la adrenalina en valentía y coraje. También garantiza que el cuerpo aproveche el temor para aliviar la tensión de la mente. Los resultados pueden resumirse en una confianza que dura lo suficiente como para tener éxito en cualquier cosa que esté haciendo. Cuando se está en la jungla y se debe dar caza a un león, unos cuantos minutos de saltar y gruñir como león ayudan a que los guerreros masai se libren de sus temores para comenzar su actividad.

El Rugido del León es mi propia versión de la posición de hatha yoga conocida como El León. Una vez conduje una sesión de yoga para seis modelos danesas que trabajaban en los exóticos jardines de Marrakesh, Marruecos. Para hacer este ejercicio se requiere estirarse y gesticular. Cuando estábamos en la práctica, una de las modelos simplemente no pudo lograrlo. Su monstruo era la vanidad y no lograba abrazarlo. Se negó a afear su rostro aunque fuera durante un instante.

Cuando estoy frente a una auditorio mayor demuestro ambos ejercicios y pido a todos que participen. Aunque el hacerlo puede ser vergonzoso, me deleito al observar la actitud lúdica de la gente. Derrite el hielo más rápido que cualquier otra técnica de que tenga noticia.

Cómo realizar el Salto del León

¿Cómo se prepara usted para hacer algo que le atemoriza? He aquí un método efectivo y divertido para infundir valor a sus sistema nervioso. El temor produce adrenalina, sustancia que prepara al cuerpo para tener una respuesta adecuada en situaciones de peligro. Un ritual preparatorio exitoso puede valer millones de dólares y le hará sentir de maravilla. Cuando comience a sentir mariposas en el estómago, debe emprender este ejercicio para alejarlas. Si no redirige su adrenalina corre el riesgo de saturar su sistema nervioso. Puede llegar a enfermarse o a dirigir su tensión contra un miembro de la familia o un compañero de trabajo. Enfríese y salte como un bravo guerrero-cazador y así logrará que la energía asociada con el miedo funcione en su favor.

Este ejercicio es en realidad un ritual. Usted aprenderá a saltar y aterrizar de manera distinta. Por lo regular, caemos sobre la punta de los pies cuando saltamos repetidamente. Rara vez tocamos el suelo con los talones. Este ejercicio producirá una sensación distinta —una especie de choque en las plantas de sus pies. Aunque este no es precisamente el punto central del ejercicio, tendrá que superar el obstáculo del condicionamiento físico para acceder a la esencia del mismo. A menos que ejecute correctamente cada una de las acciones, el ejercicio no rendirá los resultados deseados. Los efectos son muy profundos si se realiza con propiedad.

Párese derecho con los pies abiertos a la altura de sus hombros. Con los brazos colgando relajados en los costados, salte a unos tres centímetro del suelo y aterrice con toda la planta de los pies. Si lo hace correctamente, su cuerpo se estremecerá. Cada vez que salte, gruña poderosa y profundamente con ayuda de los músculos del estómago. Mientras más profundo sea el gruñido, mejor. Salte más alto cada vez hasta llegar a su máxima capacidad.

Además de gruñir, los guerreros del este de África entonan cantos referentes a los leones que han matado previamente. Si sus historias son verdad o ficción, poco importa. La intención es llegar al frenesí. Use esta técnica tonta en apariencia pero poderosa como preparación para afrontar exitosamente un reto. Al hacerlo, sienta su cuerpo y sus sensaciones concentrándose en el éxito.

Cómo hacer rugir al león

En el yoga, la postura comienza con un relajamiento completo estando sentado en el suelo con las piernas cruzadas, o en una silla. Ponga las manos sobre sus rodillas. Inhale profundamente a través de la nariz. Exhale lentamente al tiempo que emite un profundo y gutural rugido; saque la lengua y trate de tocar su barbilla al hacerlo. Simultáneamente, trate de poner los ojos en blanco, como si tratara de ver sobre su cabeza sin mover el cuello. Abra su garganta mientras ruge y estire los dedos. Si la cierra puede irritar sus cuerdas vocales.

Este ejercicio elimina la tensión facial instantáneamente, los ojos se relajan y se estimula la circulación. Hágalo varias veces al día para sentirse más relajado y tan alerta como un gato salvaje.

Ejercicio 26: Manipule una serpiente
Monstruo: No atreverse

Cuando las personas me oyen hablar de mis aventuras en el campo, preguntan frecuentemente sobre las serpientes. Al paso de los años, mi respuesta ha cambiado bastante. Admito que el aprender a manipular una serpiente no es cosa fácil; tuve que practicar bastante. De todas las serpientes existentes, muy pocas son agresivas. Entre estas, se cuentan la cobra y su prima, la mamba. Ambas habitan en lugares que he visitado. Antes de mi travesía por los montes Atlas y el desierto del Sahara, investigue sobre una serpiente que es atraída por el calor corporal y que habita en esas regiones. No vi una sola serpiente de esta especie en todo mi viaje. Una mañana, en Kenia, escuchamos un sonido en el pasto crecido. Disparé en esa dirección y vi la cola negra de una serpiente. A 10 metros de distancia, Lambat, mi guía levantó un brazo y lo movió para indicarme que se trataba de una cobra. Una vez sostuve una cobra en Marruecos. He estado cerca de ellas en la India y miré con atención el procedimiento que los encantadores utilizan para extraerles el veneno, usándolo después como medicina. Da miedo verlas, especialmente cuando su hocico está abierto y sus colmillos expuestos. Aun así, las personas que saben manipularlas, tienen la suficiente experiencia como para caminar entre docenas de estos animales, alejándose casualmente del camino de las cobras que muestran deseos de atacar.

Mi experiencia más significativa con una serpiente no tuvo lugar en un apartado paraje, sino en un museo de San Francisco, donde el manejador de serpientes puso un pitón de tres metros sobre mis hombros como si fuera una estola. Sus movimientos eran más una forma de comunicación que una amenaza; quién sabe si en realidad me estaba abrazando. Este pitón produjo una revelación en mi ser. El miedo instintivo a las serpientes es una herencia genética. Si usted padece este temor, piense en qué utilidad puede tener este temor en la actualidad. ¿Cuál sería la recompensa si optara por abrazarlas? ¿Quiere averiguarlo?

Cómo manipular una serpiente.

Aunque sigo esforzándome para superar mi miedo a las serpientes, ya no padezco esa fobia porque he estado expuesto a muchas serpientes en diversas circunstancias. Sé que el miedo se va cuando toco al reptil. Me siento bien en ese momento porque he aprendido a hacerlo. Usted también puede aprender. ¿Cómo se traduce esta práctica en una mejor vida? La respuesta es simple. Sucede exactamente lo mismo que cuando se supera cualquier temor. Si usted puede probarse que es capaz de manipular una serpiente, ¿cuántas cosas más podrá probarse?

Visite el zoológico de su localidad, un museo de ciencias en que el público pueda interactuar con seguraridad con las serpientes, con la supervisión de personas ampliamente calificadas. Lleve su cámara y asegúrese de que alguien capture el momento de su triunfo.

Este ejercicio puede actuar como el antídoto que su espíritu necesita para curar la mordedura del aburrimiento y la mediocridad que pueden estar inundando su vida sin que usted se percate de ello. Si quiere obtener la energía necesaria que le permitirá realizar otros cambios en su vida, vaya y manipule a una serpiente; en otras palabras, vaya y abrace al monstruo.

Ejercicio 27: Encuentre su deporte vital

Monstruo: Falta de vitalidad y longevidad

Para viajar exitosamente en el camino de la libertad, la salud y la buena condición física son esenciales, aunque el mantenerlas óptimamente no es una actividad que se encuentre libre de monstruos. Yo padezco asma. Sé qué tan terrible puede ser la falta de aire. Aunque por otra parte he sido afortunado al no haber sufrido accidentes u otros problemas físicos que restrinjan mis actividades, desde hace mucho tiempo aprendí que el estar en forma provoca que la vida entera se disfrute más. La comida sabe mejor. El trabajo es más satisfactorio y, cuando se trata de jugar y relajarse, las opciones se multiplican. Nada eleva más la calidad de vida.

¿Por qué se requiere tan tremendo esfuerzo y motivación para hacer ejercicio? No estoy seguro, pero el problema es universal. Tal vez no estamos suficientemente convencidos de que necesitamos ejercitarnos. En un buen día sentimos que estamos en forma, pero en los malos nos sentimos demasiado cansados. O quizás no nos gusta sudar, cansar y constatar la resistencia que el cuerpo presenta al movimiento. La gravedad es una fuerza poderosa. El monstruo que impide la motivación está presente en muchos aspectos de la vida, pero al negar las necesidades de nuestros cuerpos cometemos un terrible error que infaliblemente pagaremos cuando los efectos de la edad se acumulen.

La mejor manera de sentirse motivados es proponerse nuevas metas continuamente. La estrategia de convertir el ejercicio en un juego funciona para algunas personas. Por ejemplo, atribúyase recompensas por cada sesión de ejercicio: si se ejercita durante 30 minutos, obtendrá 10 puntos y al acumular 100 podrá cenar en su restaurante favorito o gozar de cualquier otra actividad que le satisfaga y motive. Existen muchas maneras creativas para ponerse en acción ahora mismo, en lugar de acudir a la extensa lista de razones para no hacerlo o hacerlo "desde mañana".

En mi opinión, la mejor opción es descubrir la diversión y alegría que el ejercicio conlleva al escoger un Deporte Vital, es decir, algo con lo que podamos comprometernos durante décadas, que nos enriquezca y sea interesante; una actividad que sea más interesante mientras más se practique. Al paso de los años, he atestiguado asombrosas transformaciones en las personas que se comprometen con el ejercicio como forma de vida y no sólo cuando su apretada agenda lo permite. Usted no tiene que ser un atleta para estar en forma. No importa cuáles sean sus características físicas en la actualidad, usted puede comenzar a hacer algo que le lleve al siguiente nivel de salud y condición física. Al encontrar su deporte vital, descubrirá que el hallazgo vale el tiempo y esfuerzo invertido.

Me gusta nadar, remar y andar en bicicleta por los senderos montañosos. No obstante, correr es uno de mis deportes vitales favoritos. Dado que este ejercicio para abrazar monstruos está dedicado a señalar los muchos beneficios de un deporte vital, quisiera dedicar algunas líneas a explicar porqué considero que el correr es una actividad ideal para estar en buena forma y divertirse mucho.

A diferencia de muchas actividades, el único equipo requerido es un buen par de tenis. No hay que pagar cuotas o membresías. Tampoco hay que esperar la llegada de la brisa o la nieve para emprender la carrera. El aire libre jamás está cerrado, así que la hora y el atuendo depende de usted enteramente. También es portátil. Cuando viajo siempre llevo mis tenis y mis *pants.* He llegado a correr alrededor de un aeropuerto cuando el vuelo se retrasa más de una hora. Las calles y parques urbanos, las playas, los senderos rurales, todo esto se convierte en un recorrido potencial para una buena, sana, segura y agradable carrera.

Los aspectos sociales del correr son tan benéficos como las oportunidades para estar en soledad y pensar claramente.

Mi primera carrera seria tuvo lugar en medio de un embotellamiento de tránsito de camino al festival de Woodstock en 1969. La autopista parecía un estacionamiento y necesitábamos llegar temprano para pedir nuestros pases de prensa, así que me convertí en un emisario de mi grupo. Si la idea de correr le parece aburrida o monótona, sea creativo y estimule su imaginación; también puede darle un propósito a su viaje. Yo llamo a esto aventura atlética porque el cuerpo y el alma participan. Mi primer maratón solitario tuvo lugar en una montaña de Haití con el objeto de darle una nota a Papa Doc Duvalier, el dictador haitiano. Me encanta correr colina abajo. Cuando el gobierno japonés me negó el permiso de aterrizar en paracaídas en la cima del monte Fuji para correr hasta abajo, cambié mi meta. Subí para después bajar. La montaña más alta de Australia es el Monte Kosciusko. Sus 7300 pies de altura no hacen difícil el ascenso, pero los últimos 13 kilómetros del descenso se realizaron bajo una tormenta de nieve que hizo de la ocasión algo memorable.

Lo importante es que usted comprenda que el deporte vital no tiene por que ser una pesada carga. Debe ser algo que le haga sentir más diversión que esfuerzo. Seguro, algunos días la motivación es difícil de encontrar, pero cuando uno se enamora realmente de algo, se tiene una mayor probabilidad de convertirlo en un deporte vital. Según mi experiencia, estos monstruos de la condición física nos abrazan cuando nosotros tomamos la iniciativa y los abrazamos. La paga es inmediata y los beneficios son duraderos.

El tenis, el golf, los aerobics, la caminata, el ciclismo, el patinaje..., cualquier deporte es un buen candidato para convertirse en deporte vital. El ejercicio cardiovascular es muy importante. Tendrá que sudar un poco, pero cualquier actividad practicada por 30 minutos seguidos le proporcionará bienestar físico. Aunque los investigadores no logran ponerse de acuerdo sobre el tipo de ejercicio ideal y la cantidad que la mayoría necesita, mi experiencia no me deja lugar a dudas. El ejercicio moderado pero diario debe combinarse con tres o cuatro sesiones más severas por mes. Para acceder a la buena condición, a la salud y a la longevidad, debemos convertir al ejercicio en una prioridad tan importante como el dormir, comer bien y hacer el amor.

Cómo encontrar su Deporte Vital

El monstruo está formado por el grado en que usted ha sido aprisionado por la falta de energía y vitalidad. Cuando se sienta decaído, pasado de peso o adormilado, los monstruos de la inercia acechan detrás de su silla; invítelos a mirarlo de frente. *Su objetivo principal consiste en elegir una actividad física y realizarla durante un mes entero.* ¿Qué le gustaba hacer cuando era niño? Tal vez alguno de esos recuerdos le proporcione la clave. Cuando lo haya hecho, extienda su meta hasta cumplir con dos meses de práctica regular (diaria). Luego serán tres meses. Eventualmente, el ejercicio se integrará a su vida y no querrá pasar una semana sin él.

Primera parte: Sacúdase el polvo.

Camine tres o cuatro kilómetros con un amigo. Hoy. Levante el teléfono ahora mismo y comuníquese con él. No hay excusas. Programe la videograbadora para que grabe su programa favorito si eso es lo que lo detiene. Perciba el bienestar general que le embarga cuando llega a casa y pregúntese por qué no hace lo mismo cada día.

Segunda parte: Para los que prefieren caminar.

Si algún problema en las rodillas o la espalda le impide correr, asegúrese de que su programa de caminata sea lo suficientemente vigoroso como para hacerle sudar e invierta al menos 30 minutos seguidos en él, tres o cuatro veces por semana. Marque en un calendario los días que se ejercita; anote también sus observaciones, sus tiempos récord y demás detalles. La clave del deporte vital está en el estímulo, el interés y la diversión que se suman a la buena condición física.

Tercera parte: Para quienes se ejercitan regularmente.

Quizás usted va a clases de aerobics pero no las disfruta en realidad. O tal vez pasa su tiempo en la máquina que simula carrera odiando la actividad. *Encuentre el deporte que le gusta sobre todos los demás.* Si aún no ha encontrado su deporte vital pero está en buena condición física y quiere expandir sus horizontes deportivos, he aquí algunas sugerencias: Haga algo nuevo una vez a la semana durante varios meses. Averigüe qué variantes puede incorporar y, en el proceso, descubra de qué actividad puede literalmente enamorarse. Intente con el yoga, el patinaje, el volibol, la caminata, el badminton. Experimente y juegue con sus compañeros como si tuvieran 10 años de edad.

Si desea llevar este pasó más allá, cree un sistema de puntuación. Acumule puntos por cada sesión de ejercicio y escriba una lista con recompensas valiosas para usted. Invite a un amigo para buscar juntos su deporte vital y celebren juntos sus pequeñas victorias. Busque clubes y asociaciones en su comunidad. No olvide que las características de un buen deporte son: trabajo cardiovascular, aspectos sociales, conveniencia, costo, flexibilidad, facilidades de horario, pocas restricciones climáticas, disponibilidad del equipo, portabilidad y, sobre todo, diversión.

Si no te absorbe, si no te divierte,
no lo hagas.

–D.H. Lawrence

Ejercicio 28. Los ritos de paso

Monstruo: No dar el justo valor a los cambios

La bahía de San Francisco y yo hemos vivido juntos muchas experiencias memorables. El día en que cumplí 16 años competí en una prueba de fondo en la bahía. Casi me ahogo. Yo era velocista en el equipo de natación de la secundaria y no estaba preparado para la distancia y severidad del agua fría. Los calambres me inmovilizaron.

Milagrosamente, un bote de la guardia costera me rescató debajo de un puente justo antes de que me hundiera. Diez años más tarde, en mi vigésimosexto cumpleaños, mejor preparado y más determinado, nadé paralelamente al Golden Gate por primera vez. A diferencia de mi primera aventura en la bahía, esta experiencia sí cambió mi vida radicalmente.

La gente piensa que no siento miedo, pero no es verdad. Definitivamente siento temor, pero he aprendido a manejarlo por medio de la experiencia. No importa que tan peligroso parezca el evento, los monstruos más grandes siempre están dentro de mí. Cuando estos monstruos en apariencia invencibles son vencidos, experimentamos una especie de rito de paso que cambia la vida entera.

Los ritos de paso llenan la vida de significado. Si la bahía tiene un mensaje para mí, vale la pena tratar de comprenderlo a cualquier precio. No se trata de dominar a la naturaleza, se trata de dominarnos a nosotros mismos por medio de ésta.

A veces cambiamos nuestra vida; otras, la vida nos cambia. Incluso los sucesos aparentemente nimios pueden echar a andar grandes cambios. En el caso de los ritos de paso, el evento externo funciona como símbolo de algo más profundo. Se presenta un incremento de la conciencia que revela el verdadero significado del suceso porque en ese momento morimos y renacemos. En un instante nos damos cuenta de que el yo limitado debe expandirse. Este proceso es evidente en la naturaleza —la metamorfosis de la oruga en mariposa, el contraste entre las hojas caídas del otoño y el renacer de la primavera, la serpiente que muda de piel, etc. El ciclo entero de la vida cabe en cuatro palabras: nacer, crecer, morir y renovarse. En este sentido, los ritos de paso son como estaciones que se presentan a intervalos desconocidos.

Cuando crecemos, es probable que no estemos cambiando, sino que nos estamos convirtiendo en versiones más auténticas de nosotros mismos..., vamos siendo más acordes con nuestra naturaleza y nos despojamos de lo que no nos pertenece. Estamos ante una paradoja. Los ritos de paso son parteaguas que nos llenan con su significado, enseñanza y contexto para poder aprender y crecer.

Cómo reconocer los ritos de paso

Primera fase: El pasado.

¿Qué eventos de su pasado se han convertido en ritos de paso? Irse del hogar paterno, el matrimonio, el divorcio, el nacimiento de su hijo, su primer empleo, el graduarse. Profundice en la cuestión. ¿Qué momentos han alterado el concepto de sí mismo y su potencial? ¿Hay momentos de su pasado en que la claridad triunfó sobre la confusión y el caos? ¿Llegó un día en que por fin se aceptó a sí mismo, con todo lo bueno y todo lo malo? Es posible trazar un mapa de la vida valiéndose de estos ritos de paso.

He aquí el ejercicio: Va a trazar su propio mapa de ritos de paso. Haga una lista de todos los cambios trascendentes que recuerde. Anote la edad que tenía en el momento, el nombre de las personas involucradas, las circunstancias y el cambio ocurrido. Transfiera la información a una especie de gráfica lineal que le permita observar su desarrollo; deje espacio suficiente para nuevos sucesos y para los que recuerde más tarde. Cuando empiece a buscar los momentos de mayor crecimiento en su vida, recordará otros. Cuando el mapa esté completo, busque algún patrón. Quizás sus cambios tienen un tema común que revele dotes especiales. Utilice este ejercicio para crecer por medio de la reflexión.

Segunda fase: Los futuros ritos de paso.

Al madurar nos damos cuenta de que nos hacemos cargo de nuestro crecimiento en mayor medida que cuando éramos niños o adolescentes. Utilice el mismo concepto del mapa antes elaborado. Extienda su mapa hacia el futuro, desde un año hasta 50 —usted sabrá qué cantidad de años le hacen sentirse cómodo. Anote las metas, retos y aspiraciones e imagine qué se necesitará para incorporarlos a su verdadero ser. Esto puede requerir de grandes dosis de imaginación, fe y esperanza. Sepa que, con un esfuerzo sostenido, sus habilidades para abrazar monstruos afectarán positivamente su capacidad de vivir la vida que desea.

Tercera fase: El renacimiento.

En esta fase, le sugerimos que encuentre un evento o una fecha a celebrar anualmente que simbolice un instante de renacimiento. Puede ser su cumpleaños o su aniversario, pero podría optar por algo menos convencional. Si el día merece llamarse Día del Renacimiento, vale la pena celebrarlo. Se trata de una fiesta en su honor. Planee qué hará en ese día cuando la fecha se aproxime. Esta es una práctica que puede evolucionar con el transcurso de los años hasta convertirse en un maravilloso regalo a sí mismo. Si le parece atinado, enseñe esta técnica a sus hijos.

Ejercicio 29. Nunca se dé por vencido
Monstruo: Justificar los obstáculos

Suelen preguntarme que cuál es la aventura más difícil que he realizado. Es muy difícil señalar una sola. Cada una de ellas me parece la más difícil de todas. Al hacer una carrera basada en la supresión constante de mis límites, yo necesito cierta facilidad para reconocer entre las limitaciones auténticas y las barreras temporales; debo distinguir la confianza benéfica de la duda debilitante. El grado de dificultad es una cuestión de perspectiva y puede medirse por los muchos obstáculos superados en el proceso de realización.

En todas mis aventuras viví momentos en que darse por vencido era mucho más que una ligera tentación. Al aceptar y enfrentar cada reto se tiene la probabilidad de escuchar una vocecita que dice: "Déjalo ahora. No hay problema. Has hecho tu mejor esfuerzo. Nadie espera que hagas más. Tómate un descanso." Por definición, vencer los límites equivale a chocar con una pared. Y cuando la pared está a la vista, el cerebro se ocupa de exponer todas las razones por las que sería mejor darse por vencido. Aprender a desoír estos mensajes y perseverar hasta el final es esencial para el arte y la aventura de abrazar monstruos.

Las cumbres y los valles son parte de la vida, sin importar qué intentemos. Las altas y bajas son predecibles. Hasta cierto grado, podemos prepararnos para afrontarlas, aprendiendo a dominarnos y permitiéndonos un descanso, pero cuando la incomodidad extrema nos obliga a reconsiderar nuestro objetivo, tenemos que apoyarnos en algo para seguir adelante. Si no lo hacemos, la amnesia temporal echa raíces en nuestra mente. Olvidamos nuestra intención original, la o las fuentes de inspiración; racionalizamos, justificamos y explicamos cómo es que el objetivo ha perdido sentido. Las barreras son demasiadas y el dolor es intenso. No parece que valga la pena realizar el esfuerzo. Pero entonces llega el segundo aliento.

En los deportes de resistencia, un segundo aliento es una fenómeno psicológico predecible que ocurre cuando los mecanismos de defensa del cuerpo liberan las sustancias naturales que se necesitan para seguir adelante. Los maratonistas de alto rendimiento superan esta "pared" gracias al desarrollo de las facultades psicológicas y fisiológicas que pueden llevarlos hasta la línea final. En otras palabras, saben manejar el factor del segundo aliento para que su desempeño mejore. Nosotros también aprenderemos a hacerlo.

El segundo aliento es una metáfora muy útil que podemos aplicar a cualquier actividad que nos exija ir más allá de cierto nivel. Es algo que podemos manejar con la práctica. En la vida, lo mismo que en el deporte, cuando llega el segundo aliento obtenemos lo necesario para dar el siguiente paso…, y el siguiente y el siguiente. Llegan la energía y los recursos de reserva. Nuestro sentido del tiempo se altera y el ritmo parece perfecto. Vuelve el optimismo. La meta parece estar de nuevo al alcance de la mano. Sabemos que podemos aguantar hasta el final. Cuando llega el segundo aliento, nos sentimos renovados. Ya no dudamos de que la empresa vale la pena; hasta los pensamientos negativos recién experimentados parecen formar parte de triunfo inminente. Con la práctica y la experiencia, usted podrá confiar plenamente en la llegada del segundo aliento.

Cuando se trata de lograr objetivos valiosos, debemos reconocer nuestro propio esfuerzo. No todo evento tiene por qué ser equivalente a un maratón, pero de hecho, cuando emprendemos cualquier tipo de maratón —cualquier compromiso importante que pone a prueba nuestros límites—, debemos preguntarnos si estamos dispuestos a pagar el precio.

Si no se presenta el segundo aliento, tendremos siempre una segunda oportunidad en que podremos aplicar las lecciones aprendidas. Ante todo, *nunca se dé por vencido*; la satisfacción postrera está garantizada. Imagine que su prueba será como una piñata que finalmente ofrece su delicioso contenido a quienes supieron esperar. Vuelva a empezar cuantas veces sea necesario. Nunca, nunca se dé por vencido.

Cómo aprender a no darse por vencido

No somos tan libres como podríamos serlo hasta que sabemos que podemos lograr nuestros objetivos..., hasta que convertimos el segundo aliento en una segunda naturaleza. Casi todo en la vida depende de la motivación. Si tenemos suficiente motivación, disfrutamos las más difíciles tareas. Al principio de una nueva aventura reunimos la información necesaria, afinamos nuestras habilidades y esperamos con ansia el día en que la meta se cumpla. La relación está llena de emoción y alegría. El nuevo empleo parece ser la solución esperada. Cuando el semestre escolar comienza, los cuadernos son nuevos, los lápices están afilados y las ropas relucen. Eventualmente, surgirán desacuerdos en la relación, el jefe será más severo y exigente y los exámenes se aproximan más cada vez. ¿Qué sucedió?

Primera fase: Revise los patrones de sus logros.

¿Tiende usted a comenzar las cosas sin darles término? ¿Se tarda demasiado? ¿Qué logros lo llenan de orgullo y por qué? ¿Cuándo ha sentido la llegada de un segundo aire? ¿Cuáles son los apoyos con los que cuenta regularmente? Reflexione sobre los mejores momentos de su vida en que obtuvo la recompensa justa al esfuerzo realizado. Recuerde el proceso y las personas involucradas. A partir de esta reflexión, determine cuáles son sus patrones.

Segunda fase: Comprométase.

Si alguna vez ha tratado de batear o de golpear con la raqueta una pelota de tenis, sabrá que la distancia depende de la amplitud del *swing*. Muchos de nosotros tendemos a llevar el bat o la raqueta bien hacia atrás, pero no continuamos con el movimiento como debe ser. Se requiere práctica, disciplina y concentración.

¿Qué logro podría llevar a su fin en los próximos tres meses con un esfuerzo constante? Este será el punto esencial del ejercicio. Comprométase a lograrlo. Asegúrese de que sus expectativas coincidan con el tiempo de que dispone. Hable de su compromiso al menos con una persona. Siga el método de los cinco pasos. Ponga la fecha. Comience y no se detenga.

Ejercicio 30: La postura masai
Monstruo: La falta de contacto con la tierra

Aunque son guerreros, cuando los masai atienden a su ganado en las praderas de África, forman una escena tranquila y típicamente pastoril. Sus cuerpos altos, esbeltos y oscuros, vistos con el sol ardiente de fondo, producen una escena inolvidable. Su labor requiere que estén alertas para detectar la presencia de los predadores sin dejar de estar relajados para poder mantener la guardia durante largas horas. Han descubierto una manera de pararse que aparentemente favorece el resultado deseado. Se paran sobre una sola pierna con la otra doblada sobre la rodilla de la primera; sus lanzas les sirven para mantener el equilibrio.

En la rivera del río Ganges, cerca del Himalaya, he visto a santones que meditan en esta misma postura, manteniendo el balance con un bastón o palo. Los guerreros masai y los santones tienen muy poco en común además de esto, aunque la postura sugiere que podemos aprender mucho sobre el equilibrio corporal con esta práctica, obteniendo una sensación de alerta, calma y ecuanimidad.

He practicado esta postura y la encuentro muy útil para lograr el equilibrio interior. El Hatha yoga ofrece una postura similar. La libertad de estar completamente presente en el momento, implica en ocasiones el marginarse un tanto de las cosas para restablecer el contacto con nuestros cuerpos y la tierra misma. Irónicamente, los síntomas físicos que traen consigo la ansiedad y la tensión son el resultado de un exceso de racionalización. En lugar de quemar sus fusibles internos, realice los dos ejercicios siguientes para restablecer su contacto con la tierra y sentir la paz.

Cómo adoptar la postura masai

Primera parte: El equilibrio y la respiración.

Cuando aprenda esta postura, siéntase libre de usar cualquier cosa que le permita mantener el equilibrio —una pared, una mesa, una escoba o bastón, etc. Estando de pie cómodamente, eleve su pie derecho y apóyelo sobre la parte interna del muslo izquierdo, con los dedos apuntando hacia abajo. Si no puede levantar tanto la pierna, apóyela en la pantorrilla o la rodilla, pero asegúrese de que el pie se apoye firmemente contra su otra pierna. Para ayudarle a mantener el equilibrio, sitúe la vista en un punto ubicado a unos tres metros de distancia o más, frente a usted. Cuando esté balanceado, deje de apoyarse en el objeto que haya elegido. Junte las palmas de sus manos y póngalas sobre el centro de su pecho, como si rezara. Respire profundamente y mantenga la postura durante un minuto concentrándose en su cuerpo. Vuelva a hacerlo con la otra pierna. Puede serle más fácil hacerlo con una pierna que con la otra. Cada vez que practique esto, aumente el tiempo para crear balance, contacto con la tierra y paz interior.

Segunda parte: Más contacto con la tierra.

Después de haber adoptado la postura masai, haga este ejercicio para hacer más profundo su proceso de contacto con la tierra. Abra las piernas de modo que sus pies estén a la altura de los hombros y, lentamente, doble las rodillas hasta adoptar una posición de sentadilla, manteniendo toda la planta del pie en contacto con el suelo. Ajuste el ángulo de sus pies si es necesario, pero mantenga toda la planta en contacto con el suelo, especialmente sus talones. Baje todo lo posible. Deje que sus brazos descansen relajados entre sus rodillas. Respire profundamente y libere toda la tensión acumulada, dejando que ésta caiga hasta la planta de los pies. Ahora vuelva a erguirse lentamente poniendo especial atención a las plantas de los pies y a los muslos. Este ejercicio estimula la energía de la parte inferior del cuerpo. Al igual que la postura masai, aumenta el sentido del equilibrio y el contacto con la tierra.

Debido a que estos ejercicios no le tomarán mucho tiempo, son particularmente valiosos para controlar la tensión en el trabajo, Sólo cierre la puerta de su oficina, quítese los zapatos y en pocos minutos recobrará el control; así estará listo para la siguiente junta o actividad y dispondrá de gran claridad mental.

Sea el cambio que trata de crear.

—Gandhi

Ejercicio 31: ¿Quiere bailar?
Monstruo: Nada que celebrar

"El nadador de fondo que entrena en una discoteca", decía el encabezado de la portada de la revista *Life*, en Australia, después de que nadé desde África hasta Europa por segunda vez. Me encanta bailar. Siendo niño, tomé clases de danza. Para mí, el baile está relacionado con un descubrimiento esencial del ritmo. También tiene que ver con la felicidad y la libertad. Una vez experimenté un contacto inusualmente intenso, pero no tuvo lugar en la tradicional pista dc bailc dc una discoteca…

Estaba en Haití inmerso en una aventura de carrera cuando conocí a la fotógrafa francesa Catherine Leroy, mujer llena de energía, bajita, con 45 kilos de peso; ella tenía una legendaria reputación como reportera: siempre se salía con la suya. Dos reporteros de la revista *Life* me comentaron que ella había retado y vencido a oficiales de la marina; su rostro aún mostraba las pequeñas cicatrices producidas mientras trabajaba en Vietnam, sitio en que fue hecha prisionera. En Haití, cumplía con un compromiso fotográfico para una revista italiana: dos reportajes fotográficos, uno sobre la CIA haitiana y el otro sobre el vudú. Después de conocernos, ella expresó su interés en cubrir mi solitario maratón. Su investigación sobre el vudú le valió una invitación para asistir a una auténtica ceremonia de vudú, a la cual ella me invitó. Yo acepté inmediatamente.

La cabaña de madera estaba fuera de la ciudad de Puerto Príncipe. El cuarto estaba humildemente amueblado. Una mesa maltratada y vieja estaba cubierta con cruces, cuentas, incienso, fetiches de vudú, un par de botellas de whisky y flores secas en las esquinas. Una corta hilera de bancas de madera se alineaba contra la pared. En un rincón, tres hombres empapados en sudor tocaban sus tambores. No había lugar disponible cuando entramos, pero nos hicieron un lugarcito. Cuarenta personas —la mayoría mujeres— estaban presentes. Nadie se comunicaba. Unos cuantos se pusieron a bailar.

Vi que muchos asistentes vestían de blanco. El sacerdote, llamado *houngan*, usaba una camisa blanca y un sombrero parecido a los que Bogart utilizaba en la década de los cuarenta. Tras tomar un trago de whisky, señaló a una mujer joven que estaba de pie en una esquina, se acercó a ella y le puso la mano sobre la cabeza. En ese instante, ella se estremeció y comenzó a gritar. Nosotros accionábamos nuestras cámaras.

Cerca de 12 haitianos bailaban ahora al ritmo de los tambores; el cuarto olía a humo y sudor. La sacerdotisa, llamada *mambo*, usaba un sencillo vestido blanco. Daba vueltas por la habitación tocando a la gente, mesmerizándolos a su paso. Los tambores intensificaron su batir. En ese momento, la fuerza de los tambores me golpeó en el plexo solar. Algo me obligó a levantarme de la banca inmediatamente. Simultáneamente, la *mambo* apareció frente a mí invitándome a bailar. Más tarde, mi acompañante dijo que yo bailé y giré como si estuviera poseso. No puedo explicar lo sucedido, pero sé que los tambores, la *mambo* y el ambiente conformaron una experiencia inolvidable, poderosa y tenebrosa.

Cómo bailar

Primera parte: Con usted mismo.

La próxima vez que esté sólo en casa y sienta necesidad de entrar en contacto con su ser interno y llenarse de energía, baile durante una media hora. Al principio puede sentirse tonto, pero no hay problema. La sensación de vergüenza pasará tan pronto como usted sienta el deseo natural de su cuerpo por moverse. No importa si opta por bailar al ritmo de Elton John o Stravinsky, sólo muévase libremente por todo el cuarto. Deje que sus brazos, piernas y torso expresen las emociones acumuladas que las palabras no son capaces de expresar correctamente. Esta es una manera estupenda para liberarse de la ansiedad excesiva. También sirve para convertir una ligera depresión en una experiencia luminosa, positiva y elevada.

Segunda parte: Con los demás.

¿Le gusta bailar pero no encuentra una pareja que también disfrute de esta actividad? ¿O tal vez el baile sea una de esas actividades sociales que le hace rechazar las invitaciones a fiestas porque no sabe hacerlo? ¿Tomó usted clases de tap o ballet cuando era niña o niño y se pregunta por qué no siguió practicándolo? Si usted desea bailar, este es el momento de hacerlo. El baile está en el alma y el cuerpo de los seres humanos; no hay porqué coartar esta tendencia.

Tome clases de danza; entre otras opciones, está el baile de salón, el tap, el jazz, los aerobics. Todos los estilos son maravillosos. Conocerá gente que gusta del baile. Obtendrá mayor confianza, expandirá sus horizontes sociales y se divertirá enormemente. ¿Quiere bailar? ¡Pues baile! No lo piense más. Comience este mismo mes y no deje pasar la oportunidad.

Capítulo 7

Los monstruos eternos

Los monstruos eternos tienen una presencia constante pero inadvertida en nuestras vidas. Incluso cuando sospechamos su presencia, pueden permanecer anónimos durante años. Tal vez son inseparables de la vida misma y conforman la energía de la personalidad, la luz de nuestros ojos y el fuego de nuestro vientre. Nuestra familiaridad con los monstruos eternos puede medirse de diversas maneras. Por ejemplo, evaluando la facilidad con que solemos reír y llorar, nuestra actitud frente al dolor o la pérdida, la paz que encontramos en soledad, la compasión que nos une al resto del mundo, todo esto puede sugerirnos el grado de exposición que hemos tenido al influjo de los monstruos eternos. Al enfrentar tanto los problemas más complejos como los más simples de la vida, la naturaleza ofrece estos monstruos como sublime recompensa al ser humano. Abrazarlos, aunque difícil, puede ser una experiencia trascendente.

¿Por qué yo? ¿Por qué estoy aquí? ¿Por qué ahora? Estas son tres preguntas que suelen despertar a los monstruos

de la eternidad, especialmente cuando la inquietud es genuina y nuestro deseo por conocer las respuestas es intenso. Es común que la desesperación que acompaña una tragedia personal ponga en acción a estos monstruos. Cuando la enfermedad, la muerte, el trauma emocional o la pérdida material severa llegan a nosotros, sabemos que la experiencia nos cambiará para siempre, pero nuestra humanidad no comprende exactamente cómo es que esto sucede. ¿Será para bien o para mal?

Tales experiencias nos sumergen en una visión de la vida que, al menos momentáneamente, es hostil a nuestra seguridad y bienestar. Oscuros nubarrones se ciernen sobre nosotros. Estamos anonadados. Nos preguntamos si la vida volverá a ser dulce. Cuando los monstruos eternos cumplen con su función en nuestra vida, sentimos su efecto en lo más íntimo de nuestro ser. La sensación supera por mucho a la depresión, la insatisfacción o a la incomodidad comunes. La tristeza es profunda puesto que nos enfrentamos a los misterios de la vida sin tener la capacidad o estando mal equipados para ello. Las preguntas se presentan a nuestra conciencia como una suerte de invasión. Generalmente procedemos de acuerdo con nuestros instintos. Directa o indirectamente, la naturaleza emprende la curación, misma que suele ser más lenta si no nos involucramos en el proceso de recuperación. Si optamos por abrazar a los monstruos por su valor, nuestra recuperación no sólo será más rápida, sino que nos transformará y eso es lo más importante.

A los monstruos eternos también les preocupa la calidad de nuestra atención, nuestras intenciones y el significado y propósito que le damos a los placeres cotidianos de la vida, a sus sinsabores y a los retos. Se hacen presentes en nuestra vida en diversos periodos y nos piden reexaminar nuestro camino, descartar mitos y desechar creencias que no favorecen nuestro crecimiento. Sugieren, por su misma presencia, que debemos encontrar otra manera más satisfactoria de vivir. Nos recuerdan que el tiempo es precioso, que estamos aquí con un propósito definido y que nuestra búsqueda consiste en completar dicho propósito.

Los monstruos de la inercia y la lógica se abrazan al mover nuestra atención de la cabeza al corazón. Los de la libertad y las relaciones nos conminan a ser activos, emprendedores y divertidos en nuestra vida. Los monstruos eternos se relacionan directamente con el espíritu, Abrazarlos significa entrar en contacto con la zona sagrada de nuestro ser y enfrentar lo desconocido.

Los monstruos eternos son una presencia universal en la vida humana y es probable que la religión organizada sea nuestra respuesta más obvia a su presencia. Aun así, parecen actuar en ocasiones fuera de cualquier dogma o estructura. Los monstruos eternos deben experimentarse en carne propia; no basta con pensar en ellos. Para abrazarlos debemos estar dispuestos a dejar a un lado lo que creemos saber para explorar sus profundidades libremente y sin prejuicios. Es posible que algunas de las personas más plenas de la tierra hayan tenido experiencias de primera mano con los monstruos eternos.

Aunque por lo regular los encontramos en situaciones por demás dolorosas, no es necesario estar en crisis para sentir su presencia. Al contrario, cuando los encontramos a propósito estamos preparándonos para manejar las dificultades futuras de la vida. Cuando hemos aprendido a confiar en la vida en alguna medida, estamos preparados para acercarnos a los monstruos eternos y, al momento de abrazarlos, decir, "¿Ahora qué?" Sus regalos constituyen una guía, un compás que señala una dirección a seguir que antes no habíamos considerado. De ellos obtenemos un magno sentido de nuestro propósito y potencial. Aunque residen en la oscuridad, son los campeones de la luz divina que inunda el interior de todos nosotros.

Ejercicio 32. El alba y el ocaso
Monstruo: El sentimiento de desamparo

Sandy y yo nos levantamos temprano para vivir la experiencia de la ciudad sagrada de Benares, situada junto al río Ganges en que los hindúes realizan sus rituales matutinos. El destartalado bote de madera parecía tan viejo como la ciudad en aquella mañana incipiente. El guía nos informó que la recompensa sería generosa al llegar al sitio exacto antes de la salida del sol. Como turistas y peregrinos expectantes que éramos esa mañana, temblábamos al contacto con el aire frío. Así, esperábamos maravillados la famosa escena que se materializaba lentamente. Una portada del *National Geographic* cobraba vida frente a nosotros.

Al deslizarnos suavemente por el río, la vista de la rivera izquierda nos ofrecía, al fondo, la antigua Benares con sus templos de estilo arquitectónico indefinible; en primer plano, veíamos la perpetua oscuridad provocada por el humo de los crematorios a cielo abierto. Los perennes fuegos funerarios eran la única luz perceptible en ese gris amanecer. En contraste, la rivera derecha estaba desierta y prometía un amanecer fastuoso con el cielo color índigo como telón de fondo. El horizonte dio lugar al alba. Una experiencia inigualable.

¿Cuántos amaneceres y atardeceres ha visto? ¿Conoce algún lugar en que el panorama sea perfecto para disfrutarlos? ¿Qué le parecería ver al sol hundirse en un lago sereno o en el océano mientras escucha el bramido de las olas, la sinfonía de las aguas? Desde su atalaya, pregúntese cómo es posible que existan tantos tonos de amarillo, naranja, rojo, violeta, púrpura y rosa antes de que la noche invada el lienzo con su azul profundo y su negro adornado con el plata de la luna y las estrellas. El viento refrescará y será hora de bajar de su puesto de observación. ¿Cuando regresará?

Prométase observar un amanecer y un atardecer esta semana. Procure no tener nada que hacer para que goce tranquilamente y sin prisa. Deje sus problemas y esperanzas en casa. Sólo viva la experiencia. Deje que suceda y repítala cuanto quiera. Piense en el eterno ascenso y descenso del sol. Dese cuenta de que usted participa de la maravilla del cosmos entero. El sol lo cobijará y la sombra del desamparo se alejará con la certeza de que ese sol que observa existe para usted y que usted forma parte de él.

Se produce un gran milagro cuando escuchamos sin interpretar lo que estamos oyendo... Si usted escucha con su corazón, con cuidado, con atención, el mismo acto de escuchar es como florecer.

—J. Krishnamutri

Ejercicio 33. Un lugar especial para relajarse

Monstruo: La tensión

Las imágenes mentales vívidas de escenarios naturales hermosos pueden generar calma interior casi instantáneamente. Es como si nuestro espíritu estuviera ansioso de entrar en comunión con la naturaleza. El recuerdo de estos escenarios basta para recrear muchas de las sensaciones que originalmente experimentamos. Los lugares con que mantenemos una relación estrecha y especial son potentes alicientes espirituales, mentales y emocionales que favorecen la relajación.

Yo dispongo de muchos de estos lugares, pero tres vienen a mi mente de inmediato: el estar sentado en un arrecife del peñón de Gibraltar viendo el océano Atlántico, el

Mediterráneo, Europa y África al tiempo que la historia de la humanidad colmaba mi imaginación; estar sentado en los Andes tocando mi flauta peruana al tiempo que observaba Machu Picchu y el estar sentado en un arrecife cercano a mi hogar de la infancia desde el que se observa el Golden Gate, el océano Pacífico y las corrientes que se arremolinan en los pilotes del puente dirigirse hacia la bahía de San Francisco.

Cuando quiero procurarme calma y meditar, imagino mi lugar favorito: la sombra de un roble en un campo de trigo con flores silvestres de color morado, en el costado oeste del monte Tamalpais. He estado ahí físicamente varias veces y, mentalmente, quizás cientos. Puedo experimentar la serenidad de mi lugar predilecto sin importar en dónde esté; me basta con respirar profundamente e imaginar con el cuerpo y el alma.

Cómo encontrar un lugar especial para relajarse

Primera parte: Esté en el lugar especial

Recuerde un lugar especial o invente uno ideal. La locación no importa. El sitio debe hacerle sentir seguro, relajado y tranquilo. Cierre los ojos y respire profundamente tres veces. Permita que la tensión salga de su cuerpo cada vez que exhala. Fíjese en su respiración y tarde 10 segundos al inhalar y 10 al exhalar. Imagine que se aproxima al lugar. Ahora ya está ahí. ¿A qué huele? ¿Escucha el canto de las aves? Imagine tantos detalles como pueda y piérdase en la escena algunos minutos. Cuando esté listo para retirarse del lugar, recorra el mismo camino utilizado para llegar y haga un conteo regresivo del tres al uno. Entonces abra los ojos, estírese y sonría. Ya está preparado para continuar con sus actividades habituales. Este ejercicio aumenta su potencial cuando se practica regularmente.

Segunda parte: La postura del cadáver.

Recuéstese en el suelo y no haga nada. Irónicamente, esto se considera como una de las posturas más difíciles del hatha yoga. Para hacerlo apropiadamente debe relajar completamente todos sus músculos. Este ejercicio le llevará a un nivel superior de la relajación. *Sólo funciona si lo lleva a la práctica*, así que lea estas páginas y luego tírese en el suelo.

1 Recuéstese sobre la espalda con los brazos colocados a pocos centímetros del cuerpo, con las palmas de las manos vueltas hacia arriba y las piernas separadas cómodamente.

2 Permita que el suelo sostenga su cuerpo; confíe en el suelo.

3 Relaje todos sus músculos.

4 Respire de manera que el abdomen suba y baje ostensiblemente.

Con los ojos cerrados, escuche a su cuerpo para detectar cualquier tipo de tensión muscular. Inhale profundamente y tense aún más los músculos que están tensos de antemano. Exhale y mentalmente diga a sus músculos "relájense". Si lo desea, puede entrar en su lugar predilecto y disfrutar de algunos minutos extra de relajación.

Tercera parte: La relajación progresiva.

En lugar de estar al tanto de la totalidad de su cuerpo, en esta ocasión comenzará por los pies hasta llegar a la cabeza. Toma un poco más de tiempo, pero vale la pena. El proceso para cada parte del cuerpo incluye los siguientes cinco pasos: (1) Comience concentrando su atención en una sola parte del cuerpo. (2) Muévala un poco. (3) Tense los músculos de esa parte del cuerpo tan intensamente como sea posible mientras inhala profundamente. (4) Exhale rápidamente y deje que la tensión salga. (5) Relaje esa parte del cuerpo.

Tómese su tiempo. Comience por los dedos de los pies y termine en la cabeza, incluyendo la boca, ojos, párpados, frente y mentón. Cuando termine, imagine una energía clara que gira alrededor de todo su cuerpo. Piense positivamente. Repita el ejercicio cuantas veces pueda.

Ejercicio 34. Vuelva a ser niño

Monstruo: La falta de inocencia

"Tú eres más joven que yo porque juegas. Yo dejé de jugar cuando era niño", me confesó un cazador de cocodrilos al pasarme una taza de té en la rivera oriental del Nilo, en Sudán. Yo había estado rodando en las dunas de arena y chapoteando alegre en el río.

Yo quiero morir joven y sano a edad avanzada. El vivir bien hasta el momento de nuestra muerte debe ser el principal objetivo. ¿Cómo lograrlo? Por supuesto que debemos cuidar de nuestro cuerpo, pero también debemos cuidar el alma sintiendo curiosidad y amor por todo y por todos; en pocas palabras, debemos jugar siempre.

La psicoesclerosis —el endurecimiento de la mente— puede tener lugar a cualquier edad. Como celebraciones, los cumpleaños son grandiosos. Al igual que los ritos de paso, algunos tienen mayor significado que otros. No obstante, la edad cronológica no es tan importante. Casi nunca es bueno seguir el consejo que reza: "actúa de acuerdo con tu edad". Quizás una de las tareas más importantes a realizar en la edad adulta consiste en cultivar la magia de la niñez. Debemos perdernos en la alegría de un día que nos hace caer rendidos y satisfechos por la noche, pues este es el secreto del arte de vivir la vida. Si lucimos, actuamos y sentimos como personas más jóvenes en comparación con nuestra edad cronológica, estamos haciéndonos un bien. Habremos rechazado un caudal de condicionamiento social y la noción de que envejecer equivale a divertirse menos.

Nunca es tarde para tener una niñez maravillosa. Volver a ser niño o serlo por vez primera (muchos no gozaron de su niñez) no significa hundirse en el pasado. No es lo mismo recordar cómo jugábamos a las escondidillas con nuestros amigos que *jugar a las escondidillas en este momento.* La calidad de vida depende enteramente del aquí y ahora. Encuentre al niño que duerme en usted. Redescubrirá su inocencia originaria, se despojará de los prejuicios y se convertirá en un entusiasta participante de la vida.

Cómo volver a ser un niño

Primera parte: Despierte al niño.

Formúlese las siguientes preguntas: ¿Cuál es la persona más joven que conoce, espiritualmente hablando? ¿Cuántos años tiene esa persona? ¿Cuántos tiene usted? ¿Cuáles serían sus modelos de una vejez digna? ¿Qué opinión tiene de las personas que toman la vida a la ligera? En una escala del uno al 10, ¿cómo se calificaría en el rubro de la ligereza? Si su calificación es de 10, estará ansioso por llegar a la segunda parte de este ejercicio. Si obtiene menos de cinco puntos, no proceda. Salga ahora mismo y vaya al zoológico, a los columpios del parque y redescubra la magia del juego infantil.

Segunda parte: Juegue.

Durante el mes siguiente, propóngase rodar colina abajo, saltar la cuerda, hacer ruedas de carro, andar descalzo, pintar con los dedos, utilizar crayones para rellenar un libro para colorear saliéndose de la línea. Haga pompas de jabón. Haga pasteles de lodo. Vea las caricaturas de la barra matutina sabatina. Ande en bicicleta en medio de la lluvia y, en suma, haga todo lo que tanto gozaba cuando era niño. La próxima vez que cumpla años, ponga el número de velas que represente la edad que piensa tener, no la que tiene.

Ejercicio 35. Imagine
Monstruo: El futuro

Existe un lugar en el Parque Central de Nueva York en que hay un mosaico que representa una mandala. Fue donado por Yoko Ono en memoria de John Lennon. La mandala está formada por una especie de sol que en el centro dice "Imagina". Los jardines circundantes están poblados por especies de plantas, flores y árboles en peligro de extinción. Es un lugar que invita a la contemplación, a la confrontación entre lo inimaginable y lo posible..., por no hablar de todas las variantes intermedias.

La imaginación es el primer paso de todo acto creativo y, como tal, a veces trae consigo cualidades místicas o espirituales. Además, es muy buena amiga del futuro puesto que éste, siendo desconocido, es la tierra de la aventura y la oportunidad que permite que nuestros sueños puedan hacerse realidad..., en algún momento. Hay etapas en nuestra vida en que el futuro parece cierto y seguro. Entonces solemos tomarnos un descanso tras un periodo de intensa actividad, cambio o reto. Pero estos periodos no deben durar mucho, así como tampoco debemos tomarnos más descanso del necesario. Las acciones de hoy son las semillas que echarán raíces, crecerán y florecerán en el mañana, mucho antes de lo que imaginamos.

Abrazar monstruos nos mantiene en el presente liberando el futuro potencial, pero cuando el futuro ocupa nuestro pensamiento, debemos responder con creatividad y amor. Podremos imaginar un futuro brillante a partir de esos conceptos, comprometiéndonos así a vivir tan plenamente como sea posible.

La técnica a que me refiero suele llamarse visualización, pero las personas cuyos esquemas sensitivos tienden al sonido o al tacto podrían malinterpretar este concepto fácilmente. Visualizar significa proyectar algo como si fuera real en el ojo de la mente. Podemos proyectar nuestras ideas en la pantalla mental y experimentarlas tan vívidamente como una película. Algunas personas dicen que no pueden "ver" nada cuando visualizan, pero esa carencia debemos atribuirla a la incapacidad expresiva del lenguaje, no al visualizador. Dependiendo de su comprensión del proceso, "pensar en el océano" puede pasar por "ver el océano" o "imaginar el océano". De cualquier modo, cuando introducimos otras palabras la experiencia se enriquece y fortalece: así podrá usted "escuchar el océano", "sentirlo" u "olerlo".

Igualmente, cuando visualizamos el futuro utilizando todos nuestros sentidos, afinamos nuestro receptor interno. Al añadir detalles sensoriales afinamos también nuestra intención. Las cosas se aclaran y la experiencia crece.

También he conocido personas que visualizan los cambios conductuales que desean llevar a cabo. Por ejemplo, al estar a dieta, usted puede visualizar su cuerpo futuro, la ropa que usará o la báscula que indica un peso determinado.

También puede imaginar los cumplidos o sentirse ligero al subir escaleras. La visualización también se utiliza para alcanzar otro tipo de metas. Hay personas que visualizan para ver su coche nuevo, para calcular el impacto positivo de un proyecto en su carrera profesional o para imaginar el día de su graduación.

Algunas personas creen que la visualización es una manera de atraer el contenido de lo imaginado a la vida real.

Cómo imaginar

Primera parte: Para principiantes —visualización activa. Trabaje en un objetivo en que ya esté trabajando ahora mismo, cualquiera que éste sea. Luego, hágase las siguientes preguntas: ¿Cuánto tiempo se requerirá para lograr el objetivo? ¿Cuáles son los pasos que debe dar? ¿Qué recursos se necesitan? ¿Cuáles son las piezas faltantes del rompecabezas para llegar a la meta satisfactoriamente? Cuando haya analizado los hechos, cierre los ojos y visualice el resultado. Véase en el futuro cuando el objetivo sea un acto consumado. Vea la fecha en el calendario, por ejemplo. Incluya todos los detalles que pueda y experiméntelos con todos sus sentidos. Repita el proceso regularmente. Puede hacerlo por la mañana al despertar o antes de acostarse por la noche. Sólo le tomará unos cuantos minutos. Recuerde las imágenes obtenidas en el transcurso del día.

Segunda parte: Visualización pasiva.
Para este ejercicio elija un problema o situación cuyo resultado sea difícil de anticipar. Utilice el mismo proceso empleado para activar su capacidad imaginativa y examine la situación especulando con los probables resultados. ¿Qué sería lo mejor para usted y todos los involucrados? Permanezca abierto a las nuevas ideas, combinando la actividad de su cerebro con la de su corazón Este ejercicio incrementará sus beneficios si usted se toma un tiempo para meditar antes de llevarlo a cabo, aclarando su mente y librándose del estrés, la tensión y el ruido.

Esto se llama visualización creativa porque usted no piensa en el logro de objetivos que tienen un desenlace muy obvio. En la primera parte, usted simplemente fortaleció su compromiso con los hechos. En la segunda parte, se abre a perspectivas e ideas nuevas. Esta apertura mental hará posible que usted sea más objetivo, reduciendo su campo visual para dejar de lado el ego hasta dar con la mejor solución.

Ejercicio 36. Haciéndose el muerto
Monstruo: Falta de sentido y propósito

Me he enfrentado a la muerte en varias ocasiones, y jamás a propósito. En Kenia, acampaba cerca de un ojo de agua cuando me despertaron unos sonidos extraños. Exhausto por las actividades diurnas, me pregunté si los sonidos serían producto de mi imaginación. Los sonidos se intensificaron. Mi mente analizó las probables causas. Me pregunté si era posible que los Shifta, un grupo de bandidos armados, se dispusieran a atacarnos. ¿Para qué hacer tanto ruido?

El miedo me hizo entrar en acción. *Me negaba a morir metido en la bolsa de dormir.* Me puse los tenis, abrí mi tienda y miré desconcertado a un grupo de formas sombrías enormes que se aproximaban: una manada de elefantes se acercaba rápidamente a nuestro campamento. Eran cerca de 80 y destrozaron a su paso el campamento sin que, milagrosamente, nadie fuera herido.

Cuando la crisis había pasado, medité sobre la vida y la muerte. El recuerdo de esta experiencia me ha servido en varias ocasiones para determinar si mi vida va por el camino correcto. Las crisis producen introspección porque la conciencia se agudiza y la energía fluye. Este flujo de energía precede al maravilloso sentimiento de estar vivo.

Todos los mitos de la humanidad tratan el tema de la muerte y el renacimiento. A través de la historia, los líderes espirituales y los místicos han hablado de la importancia de llevar una vida plena. Irónicamente, para enfrentar la realidad de que todos moriremos un día, se recomienda vivir con alegría y poco temor. Este es un reconocimiento de nuestra limitaciones y, partiendo de esto, debemos tratar de obtener todo lo que la vida ofrece. Muchos de quienes hemos experimentado la muerte de un ser amado, comprendemos mejor el verdadero sentido de la muerte. Usted no necesita tener una experiencia que ponga en peligro su vida para acceder a la sabiduría que los siguientes ejercicios proporcionan. La idea central es bastante simple: *Imagine que hoy es su último día en la tierra. ¿Cómo lo viviría?* Como George Santayana escribió, "No hay cura para el nacimiento y la muerte, excepto el disfrutar el intervalo que transcurre entre ambos."

Cómo hacerse el muerto

Primera parte: Los arrepentimientos y omisiones.

Cierre los ojos e imagine que está a punto de exhalar el último aliento. Hágase estas preguntas: ¿Qué regalo tiene que ofrecer al mundo? ¿En qué mejoró el mundo gracias a usted? ¿Se arrepiente de no hacer algo? ¿Hay cosas que desee expresar a sus seres queridos? Elizabeth Kubler-Ross, médico, ha escrito extensamente sobre el morir y la muerte. De acuerdo con ella, quienes más terror muestran al morir, son aquellos que no vivieron tan plenamente como pudieron. ¿Qué imágenes vienen a su mente cuando visualiza su propia muerte? ¿En qué aspectos cambiaría su vida si tuviera esto en mente todo el tiempo?

Si usted tiene miedo a la muerte, comience por fragmentar el terror. Lea unos cuantos libros que traten sobre experiencias que ponen en peligro la vida o hable con personas que sobrevivieron a enfermedades o accidentes graves. Si comparten su visión de las cosas con usted, escuche atentamente: pueden tener mucho que enseñar.

Haga un borrador de su testamento y escriba cartas de despedida para sus seres queridos. Reflexione sobre el hecho de que su vida tuvo un comienzo y algún día llegará a su fin.

Segunda parte: Su obituario y su epitafio.

Imagine que muere hoy. Escriba su obituario pensando en el pasado. ¿Qué logró en su vida ¿Qué disfrutó más? ¿Menos? ¿En qué mejoró o empeoró el mundo gracias a su existencia? ¿Qué sueños no se cumplieron? Escriba sus conclusiones y agregue al final su epitafio. Después, piense en lo que puede hacer para que los sueños no cumplidos se cumplan ahora que tiene tiempo.

Tercera parte: Si éste fuera su último día...

Durante la siguiente semana, piense en esto: *¿Si hoy fuera mi último día, qué le daría mayor valor?* A veces dejamos de valorar las cosas maravillosas de la vida, pues las vamos tomando como cuestiones normales, casi irreales; el cerebro convierte las vivencias auténticas en simples memorias que nos alejan del presente. Claro que es más fácil acudir al recuerdo de alguien que tratar de encontrarse con ése alguien en este momento; el hoy ofrece nuevas posibilidades. Este ejercicio le ayudará a reconocer el potencial del día que transcurre en este momento.

¿Qué pasaría si viera a sus amigos y colegas por última vez? ¿Qué tal si ésta fuera la última taza de café, o su último recorrido por la avenida que le gusta, o su última cena en casa? Ya no verá cómo caen las hojas en el próximo otoño ni se abrigará en la primera mañana del siguiente invierno, ni escuchará la voz de su hija que le llama desde su habitación...

Al hacer lo anterior, usted creará una especie de inventario de las cosas, personas o lugares que constituyen, por sí mismos, un valioso propósito de la vida. Abra su corazón y deje de pensar en la muerte mientras la vida corre por sus venas. Libérese de todas sus omisiones y viva al máximo.

Capítulo 8

Conclusión

Pompa y circunstancia

En cada nueva aventura, las emociones, retos, éxitos y fracasos de las aventuras anteriores viajan conmigo. El espíritu de quienes he amado me acompaña y las lecciones de la vida tienen nuevas aplicaciones en los retos nuevos. Soy un apasionado del abrazar monstruos como forma de vida.

En ocasiones, el abrazar monstruos requiere de tanta energía que necesitamos tomar un descanso, sentarnos y recobrar el aliento. Cuando llegue ese momento, hágalo sin reticencia.

La vida cambia. A veces elegimos los monstruos que queremos abrazar y otras debemos abrazar los que la vida nos ofrece, pero al abrazarlos, nuestro crecimiento personal se acelera dramáticamente.

No debemos olvidar que en la vida nos graduamos más de una vez. Si tenemos suerte, esto sucederá una y otra vez conforme los ciclos de nuestra vida transcurran empujándonos de lleno en el mundo. Reunimos nuestras experiencias, aplicamos las habilidades que tanto trabajo nos costó desarrollar y probamos nuestra sabiduría en nuevos entornos diciendo adiós a los compañeros de clase y a los maestros. Sólo podemos estar seguros de que siempre habrá nuevos monstruos que abrazar. Tal vez ésta sea la manera de que se vale la naturaleza para mejorarse a sí misma.

¿Siempre habrá monstruos?

Abrazar monstruos es una filosofía para vivir, no una receta para la vida. Los ejercicios no son científicos y hay miles de variantes que usted puede incorporar. No encontrará respuestas contundentes a las preguntas esenciales que se tratan en el texto. En el mejor de los casos, este libro es una brújula, no un mapa. Éste fue nuestro propósito. Las vidas no pueden medirse con los parámetros habituales. Quien pretenda conocer todas las respuestas sólo hace gala de su ignorancia.

Confiamos en que el libro lo haya motivado, dándole valor, espíritu lúdico y la certeza de que, sí, la vida es difícil y vale la pena experimentar cada gramo de su alegría, dolor y frustración. En la vida, nunca está de más recordar que debemos poner manos a la obra, acudiendo a nuestra cabeza y al corazón para abrazar los miedos que nos inmovilizan. Ahora que usted ha aprendido el método de los cinco pasos para superar obstáculos, cuenta con una actitud probablemente distinta a la que tenía antes de decidirse a abrazar. Si se siente más y mejor relacionado con los demás, con usted mismo y con el mundo, su logro ha sido inmenso. Pero no se detenga. Vuelva a revisar los sueños y temores de los que tomó nota al realizar los ejercicios de calentamiento. Detecte algunos nuevos y comience de nuevo. Nuestra vida es un trabajo en progreso que jamás termina. Para cada final hay un nuevo principio. Mientras haya monstruos que abrazar, hay mucho por hacer. A partir de este día, encuentre el valor suficiente para abrazar todo monstruo; esperamos que los monstruos lo abracen a usted a su vez.

Esta edición se imprimió en Febrero de 2010. Grupo Impresor
Mexicano. Av. De Río frío No 35 México, D.F. 08510